KOMBINIERT
bier

Karl Schiffner
Sepp Wejwar

Das passende Bier zu jeder Speise

av BUCH

KOMBINIERT
bier

inhalt

USE OPENER
JEVER
PILSENER
Heineken
Beer
TRAPPIST WESTMALLE
TRIPEL
Duvel
Freistädter
Rotschopf
Corsendonk
Pater
Anno 1791
Kwak
VERHAEGHE
Brouwerij Het Anker
PRODUCT OF
Thailand
St. Bernardus
Tripel
BIERE DES TRAPPISTES
6
Cat.S
ROCHEFORT
Scherdel
HOFER
BRAUER SEIT
1831
UNERTL
Seit 1810
JANDELSBRUNNER
Gebraut mit weichem
Quellwasser
Barbãr
Gatz
Altbier
Franziskaner
Weissbier
ALKOHOL
FREI
BRAUEREI
Hacklberg
PASSAU
ORVAL
TRAPPIST ALE
Corsendonk
Agnus
Samichlaus
HELLES
HB
DISTELHÄUSER
Immer eine frische Idee
Brauerei Schönram
gegr. 1780
Tripel
SCHNAITL
Der feine Anspruch
Leffe
RIEDENBURGER
BRAUHAUS
BRASSERIE DU
BOCQ
GORDON
FINEST SCOTCH
Salzburger
Stiegl
Bier
Tripel
1679

Bier 2.0:

Die Sensation der Kombination

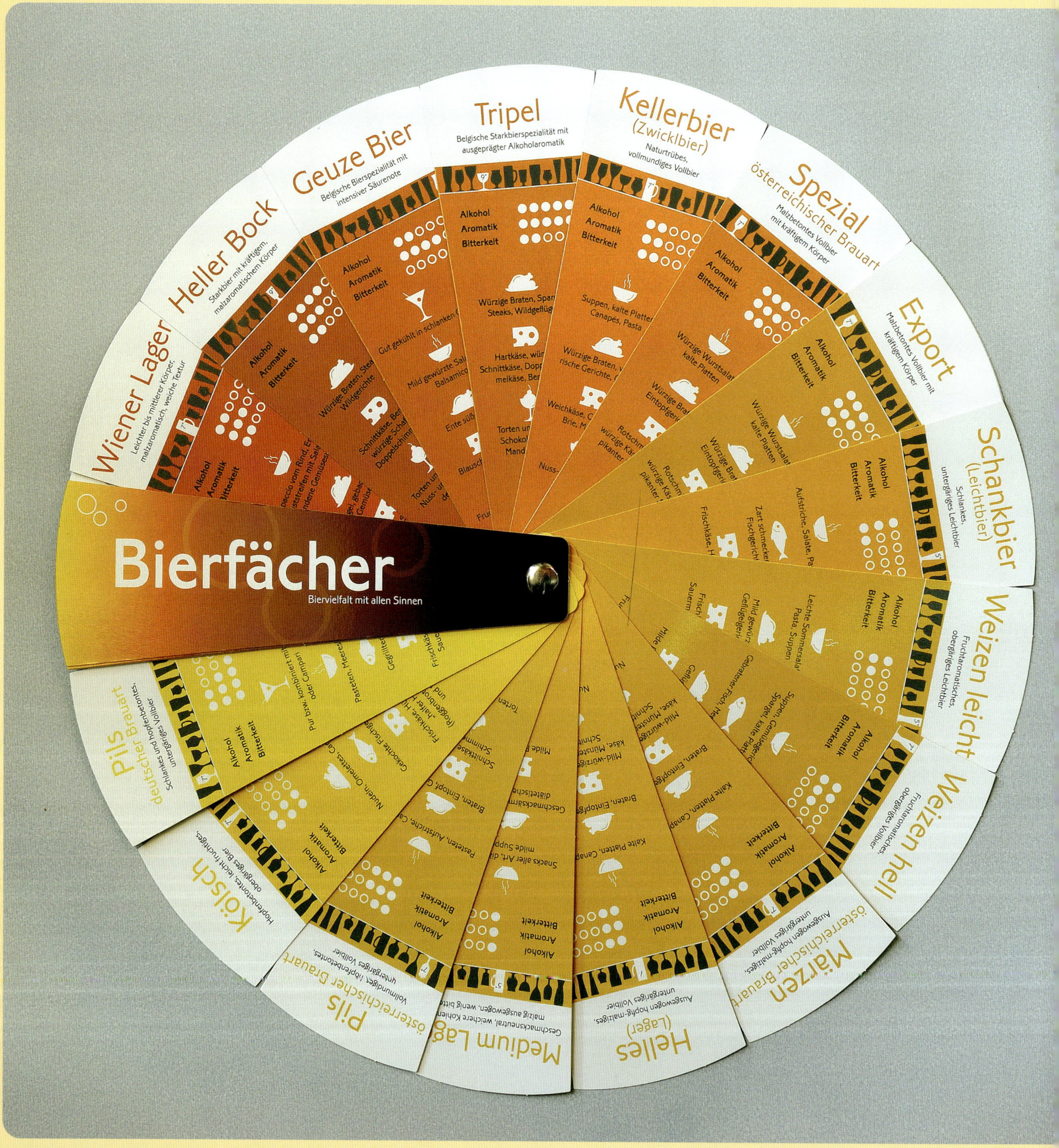
Bierfächer
Biervielfalt mit allen Sinnen
Tripel
Belgische Starkbierspezialität mit ausgeprägter Alkoholaromatik
Kellerbier
(Zwicklbier)
Naturtrübes, vollmundiges Vollbier
Geuze Bier
Belgische Bierspezialität mit intensiver Säurenote
Spezial
österreichischer Brauart
Malzbetontes Vollbier mit kräftigem Körper
Heller Bock
Starkbier mit kräftigem, malzaromatischem Körper
Export
Malzbetontes Vollbier mit kräftigem Körper
Wiener Lager
Leichter bis mittlerer Körper, malzaromatisch, weiche Textur
Schankbier
(Leichtbier)
Schlankes, untergäriges Leichtbier
Weizen leicht
Fruchtaromatisches, obergäriges Leichtbier
Weizen hell
Fruchtaromatisches, obergäriges Vollbier
Pils
deutscher Brauart
Schlankes und hopfenbetontes, untergäriges Vollbier
Kölsch
Hopfenbetontes, leicht fruchtiges, obergäriges Bier
Pils
österreichischer Brauart
Vollmundiges, hopfenbetontes, untergäriges Vollbier
Märzen
österreichischer Brauart
Ausgewogen hopfig-malziges, untergäriges Vollbier
Helles
(Lager)
Ausgewogen hopfig-malziges, untergäriges Vollbier
Alkohol
Aromatik
Bitterkeit

vorwort

Die Sensation der Kombination

Das Wort „Sensation“ bedeutet „das sinnliche Erfassen der Welt“. Eine Sensation ist also etwas, was unsere Sinne erreicht. Bei unserem Gegenstand, der Kombination von Bier und Speisen, wird dieses Kitzeln möglichst aller fünf Sinne ein meist sehr angenehmes sein. Wer Bier wirklich genießen will, sollte dies unbedingt „multisensual“ tun.

Schon das Einschenken (Akustik) und die Optik eines schönen Biers kann eine wahre Freude sein und die Vorahnung auf weiteren Genuss anfachen. Sein Duft regt alle anderen Sinne an. Das Mundgefühl ist, wie das Wort schon sagt, eine haptische, also den Tastsinn ansprechende Erfahrung. Alle Segmente der Zunge erfassen schließlich die Grundgeschmäcker Süß, Sauer, Bitter, Salzig und Umami. Sensorische Reize, die ein Bier auslöst, können mit jenen, die Speisen auslösen, kombiniert, also verstärkt, gepuffert oder kontrastiert werden. Dann ist die Sensation wirklich das, was dieser Begriff – als Metapher – meint.

Davon handelt unser Buch. Gerade rechtzeitig zu unseren Recherchen hat sich der zurzeit wohl bekannteste Koch der Welt, Ferran Adrià, mit einem Bier beschäftigt. Sein Ansatz passt zu unseren Gedanken: Er hat gemeinsam mit seinen Sommeliers und den Braumeistern der Katalanischen Brauerei Cerveza Damm ein Bier geschaffen, das vornehmlich zur Kombination mit Speisen bestimmt ist. Auch und vor allem zu jenen, zu denen man partout keinen passenden Wein finden kann. Denn Bier ist Kombinationsweltmeister – da kann keiner mithalten! In diesem Sinne:

Sehr zum Wohle!

Karl Schiffner
und
Sepp Wejwar

Bier und Speisen: Die Wünsche echter Genießer

wohnt, „gewöhnt“ sich an das Geräusch der Züge – und nimmt sie meist nicht mehr oder zumindest nicht mehr bewusst wahr. (Jedoch würde er das Fehlen der Geräusche bemerken, wenn einmal der Fahrbetrieb unterbrochen wäre).

Reize sparsam einsetzen

Die Einschränkungen unseres Empfangssystems sind sehr nützlich. Sie bewahren uns mithilfe von Filtern vor nicht weniger als dem Verrücktwerden. Deshalb nehmen wir nur einen winzigen Bruchteil der uns zur Verfügung stehenden Reize wahr. Bis in das Bewusstsein schaffen es noch weit weniger Reize.

Diese Gedanken müssen wir uns bewusst machen, bevor wir uns mit der Kombination von Reizen beschäftigen. Das

Reizarm ist unsere Zeit gewiss nicht. Unser Empfangssystem (bestehend aus Sinnesrezeptoren, Nervenbahnen und der Reizverarbeitung im Gehirn) beschützt uns deshalb vor Reizüberflutung. Verschiedene Schwellen oder Filter werden eingezogen. Es gibt absolute und relative Schwellen. Absolut ist etwa die Wahrnehmungsschwelle. Sie besagt, wie stark ein Reiz (zum Beispiel ein Geschmackseindruck) sein muss, damit man ihn überhaupt physikalisch wahrnehmen kann. Andere Schwellen variieren. So hört man in sehr ruhiger Umgebung Geräusche, die man im Ambiente einer pulsierenden Großstadt nicht wahrnimmt. Wer an einer Bahnlinie

kann sehr lustvoll sein. Vor allem dann, wenn es sich, wie im vorliegenden Fall, um die Kombination von Bier und Speisen handelt. Ein sparsamer Umgang mit Reizen ist also angebracht. Wir müssen wissen, dass der Mensch nur ganz wenige „olfaktorische“ Sinneseindrücke (alles, was über das Riechsystem rezipiert wird) aufnehmen kann. Dazu gehören alle Gerüche und fast alle „Geschmäcker“. Nur die fünf Grundgeschmackseindrücke süß, sauer, bitter, salzig und umami werden nicht über das Riechsystem empfangen. Unser Credo lautet daher: Die Genießerin, den Genießer niemals überfordern!

Sensation der Kombination

Wenn eine Speise so wirkt, als hätte sie mit dem dazu genossenen Bier nichts zu tun, dann entstehen zusätzliche, überflüssige Reize, die zu Irritationen führen. Wir verwenden daher niemals das Wort „Begleitung“, denn es bedeutet ein Nebeneinander nicht ein Miteinander. Erst wenn ein Bier und eine Speise wirklich gut zusammen schmecken (also gemeinsame Reize liefern) führt das zur „Sensation der Kombination“. Wobei gemeinsame Reize sowohl Ergänzungen als auch Kontraste sein können. Die von dem Bier und der Speise ausgehenden Reize können sich gegenseitig verstärken oder abmildern. Aber sie sollen niemals nebeneinander stehen, sie dürfen niemals nur „begleiten“.

Erlebbare Reize

Was echte Genießer wollen, ist, das sensorische Angebot auch wirklich erleben zu können. In diesem Buch geht es um Speise und Trank, die aus Gründen reinen Genusses ausgewählt werden. Die Autoren wollen die Aufmerksamkeit der Leserinnen und Leser lenken, sie zur heiteren Konzentration auf das Bier, auf die Speise, die sie vor sich stehen haben, einladen. Und natürlich auf die zusätzlichen Reize, die entstehen, wenn sich die „Sensation der Kombination“ einstellt. Wer ein kulinarisches Theater sucht oder sein Mahl bzw. Lokal vor allem aus Statusgründen auswählen will (was beides durchaus seine Berechtigung hat), wird hier vielleicht weniger gut bedient.

Wohlklingende Akkorde

In der Musik kann die persönliche Definition von „Wohlklang“ individuell sehr unterschiedlich sein. Manche Dissonanzen sind das Salz in der Suppe – in der musikalischen, wie in der echten. Es kommt also ganz auf den persönlichen Geschmack jeder Genießerin, jedes Genießers an, ob die für sie oder ihn optimale Komposition eher traditionellen Geschmacksmustern folgen soll, oder ob der eine oder andere schräge Ton willkommen ist. Wir haben beobachtet, dass sich bei der Kombination von Bier und Speisen auch ein geschmacklicher Fortschritt einstellt. Genauso wie in der Musik das Gehör werden beim Genießen von Bier und Speisen die Geschmacksnerven geschult – mit der Zeit bekommen viele Lust auf „anspruchsvollere“ Klänge, hier wie dort. Es ist aber auch eine Frage der Situation. Man hat nicht immer Lust darauf, sich aufmerksam und konzentriert Neuem zuzuwenden. Manchmal hören auch Liebhaber der Zwölftonmusik oder des Free Jazz am liebsten ganz einfache Lieder. So ist es auch mit unseren Kombinationen von Bier und Speisen. Es gibt klare, einfache, selbstverständliche Akkorde und Harmoniefolgen von Biss und Hopfen, von Salz und Malz, auf die sich auch Fortgeschrittene immer wieder gerne besinnen.

Zusammenklang von Bier und Speisen

Die harmonischen Akkorde mit denen wir uns beschäftigen bestehen – und das ist das Besondere an diesem Buch – nicht nur aus den Aromen eines Gerichtes, sondern aus den Aromen, Konsistenzen und Texturen von Bier und Speisen, wie sie im gemeinsamen Genuss, im Zusammenklang von Essen und Trinken entstehen. Unser Augenmerk liegt auf der Partitur, nicht auf der einzelnen Stimme. Deshalb sprechen wir auch nie von Begleitung sondern immer von der Kombination. Das schließt alle Komponenten eines Gerichtes (etwa das Fleisch, seine Zubereitung, die Gewürze und die Beilagen) und des Biers (Duft, Antrunk, Rezenz, Körper, Verhalten am Gaumen und Nachtrunk), das wir dazu empfehlen, ein – und natürlich jene Eindrücke, die entstehen, wenn sich das Bier mit der Speise verquickt.

Bier mit allen Sinnen verkosten

Das schwungvolle Einschenken macht dem Ohr Freude. Das Auge erkennt Farbe, Farbdichte, den Zustand der Flüssigkeit (dünn- oder dickflüssig, klar oder trüb), die (sichtbare) Kohlensäure und die Beschaffenheit des Schaums. Es gibt Biere in vielen Farben. Das Spektrum reicht vom blassen Hellgelb bis zum tiefen Schwarz. Dazwischen finden sich gelbe, goldene, orange, bernsteinfarbene, rote und braune Farbtöne, abhängig davon, welches Malz/welche Malze wie verwendet werden.

Die Wenigsten nehmen sich die Zeit, die dem hochwertigen Genussprodukt Bier gebühren würde. Für die Dufterkennung setzen wir unsere 20.000 Rezeptoren der Nase ein. Herrlich so ein Duft, oder? Tatsächlich führt bewusstes und wiederholtes Riechen an einem Bier bei Gastronomen eher zu Irritationen. Riecht jemand dreimal an seinem Bierglas, kommt garantiert eine aufmerksame Bedienung und fragt: „Hat's was?" und das nicht nur im bayerischen Biergarten. Uns ist das auch schon mehrmals in guten Restaurants passiert – dort wo täglich zigmal an Weingläsern gerochen wird.

Man riecht also nicht nur bei einer analytischen Verkostung am Bier. Machen Sie sich bewusstes Riechen zur Gewohnheit. Wir riechen so: Die leicht flüchtigen Duftaromen werden mit zwei kurzen Sniffs (links und rechts) aufgenommen. Dabei entfalten sich zarte Duftnoten von Früchten, Gewürzen, aber auch florale Töne. Dann riecht man tiefer und länger hinein ins Glas, nicht ohne vorher vorsichtig die Innenseite des Glases vollständig mit Flüssigkeit benetzt zu haben. Meist erkennt man dabei die von vielen Beigerüchen umspielte Malzstruktur. Man kann die Geruchswahrnehmung intensivieren, wenn man zuerst mit geschlossenem, dann mit geöffnetem Mund durch die Nase riecht. Zum Schluss versucht man mit dem Mund den Geruch des Biers einzuatmen und atmet (auf Wahrnehmung konzentriert) durch die Nase aus. Bierexperten sprechen von der retronasalen Geruchswahrnehmung.

(Wer weiterhin sein Bier nur ab der Zungenmitte aufsetzen will und es unverzüglich hinunterschluckt, kann sich das Weiterlesen sparen.)

Das Geruchsspiel steigert die Erwartung. Man setzt das Glas an die Lippen und lässt langsam aber zügig das Bier in den Mund laufen. Die Geschmacksknospen im Mund können nur dann Informationen an das Gehirn weiterleiten, wenn sie mit dem Bier in Berührung kommen, deshalb sollte man die Flüssigkeit durch den gesamten Mundraum spülen und den weiten Geschmacksbogen von der Zungenspitze bis zu den hinteren Zungenrändern verfolgen. Das kurze Innehalten mit anschließendem Hinunterschlucken bringt einen Finalgeschmack, den man Abgang, Nachtrunk oder Ausklang nennt. Versuchen Sie dasselbe mit geschlossenen Augen. Es entstehen Bilder! Sie zeigen an: Ich bin im Bierhimmel.

So einzigartig jeder Mensch ist, so einzigartig ist auch die Geschmackswahrnehmung jedes Individuums. Deshalb können wir hier ausschließlich Anregungen bringen und von Kombinationen erzählen, die wir für echte Sensationen halten. Trauen Sie sich auch über Kombinationen, die Ihnen zunächst unmöglich erscheinen. Nur wer wagt, wer probiert, gelangt zu neuen Ufern.

Nehmen Sie unsere Kombinationen zum Anlass auf eigenen Pfaden zu wandeln und neue Sensationen zu (er)finden. Sollten Sie Lust haben uns an Ihren Entdeckungen teilhaben zu lassen, würden wir uns über Ihre Nachricht sehr freuen. Schreiben Sie uns einfach an bier@wegro.at und/oder schiffner@biergasthaus.at.

Allgemeine Kombinatorik – Was passt wozu?

Süßes mit Süßem

Viele Biere sind ziemlich süß. Das fällt einem nur meistens nicht so auf, weil Vorurteile unsere Sinneswahrnehmungen mindestens ebenso stark beeinflussen wie tatsächliche physische Reize. Von dunklen Bieren wissen wir das (oder nehmen es an, denn es gibt ja auch viele dunkle Biere auf der Welt, die überhaupt nicht süß schmecken). Aber zum Beispiel tschechische Vollbiere, deutsches Export, zahlreiche Bockbiere und viele andere Biere mehr glänzen mit einer herausragenden Süße. Nun kann man süße Speisen mit solchen Bieren kombinieren, aber auch jene salzigen Gerichte, die eine markante Süßekomponente zeigen, wie etwa glacierte Leber oder Ricotta-Ravioli in einer getrüffelten Soße.

Vorweg: Es gibt kein Gericht, zu dem man nicht ein passendes Bier finden könnte. Bei manchen Speisen muss man höchstens etwas intensiver suchen. Es gibt logische und gewagte Kombinationen. Beginnen wir mit den einleuchtenden: Sie heißen „Parallel", „Vis-à-vis", „Push up" und „Besänftigung".

„Parallel" oder „Gleiches mit Gleichem"

Hier werden ähnliche Komponenten in der Speise wie im Bier gesucht, und zwar am besten jene, die sich hier wie dort „vordrängen".

Ähnlich wie Süßes mit Süßem funktionieren auch die folgenden Paarungen: fruchtig und fruchtig, bitter und bitter, zart und zart, scharf und scharf und natürlich: rauchig und geräuchert. Sie finden konkrete Vorschläge dazu in den Weltmeister-Kombinationen.

„Vis-à-vis" oder „So schön können Kontraste sein"

Vor allem dann, wenn die Speise (oder das Bier) in einer wesentlichen Geschmackskomponente ziemlich üppig ist, ist es besser nicht parallel zu laufen. Man wird der üppigen

Komponente einen Kontrast gegenüberstellen. So kann man eine sehr süße Speise mit einem trockenen, fruchtigen Bier (Kölsch oder Kristallweizen) zu einem großen Genuss machen. Ist die Speise herb, lässt sie sich mit einem milden, weichen Bier angenehmer genießen. Der herb-zarte Charme eines dezenten Rauchbiers passt wunderbar zu einem kräftig schmeckenden Karpfen, was im Aischgrund, am Rande der fränkischen Schweiz, täglich praktiziert wird.

„Push up“ oder „Sich gegenseitig aufschaukeln“

Es gibt Kombinationen von Bier und Speisen, die für intensive Befriedigung sorgen. Ein in der österreichischen Bundeshauptstadt beliebtes Beispiel ist die Stelze (Schweinshaxe) im Schweizerhaus. Sie ist eine herrliche Ergänzung zum dort frisch gezapften Budweiser. Ob der Schwere kein Essen für alle Tage, aber unerreicht, wenn man sich einmal Fülle in jeder Hinsicht gönnen will. Ein anderes, viel zarteres Beispiel ist das Aromenfeuerwerk, wie es die Kombination aus Lagenschokolade und Samichlaus, dem Starkbier aus Schloss Eggenberg , abbrennt.

„Besänftigung“ oder „Die Spitze nehmen“

Eine Komponente nimmt der anderen gezielt die Spitze. Sehr scharfe Speisen werden mittels Hopfen entschärft, etwa mit viel Chili gewürzte Asiaküche durch ein IPA (India Pale Ale). Aber auch eine Speise, die für sich allein genossen zu üppig ist (viel Süße, Säure oder Fett), kann durch die Wahl des richtigen Biers optimiert (manche Genießer werden sagen „erst essbar gemacht“) werden.

Welche Komponenten von Bier und Speisen können miteinander harmonieren?

Geschmack

Hier geht es um echten Geschmack, also um jene Richtungen, die mittels der Papillen der Zunge wahrgenommen werden: süß, sauer, bitter, salzig und umami. (Empfindungen, die wir oft auch als „Geschmack“ bezeichnen, die aber tatsächlich über das Riechsystem wahrgenommen werden, werden unter „Gerüche“ behandelt.) Ein Bier hat, genauso wie eine Speise, meist einen Schwerpunkt in einer der Geschmacksrichtungen.

Bei umami lässt sich darüber trefflich streiten, denn manche übersetzen diese Richtung mit „fleischig“, manche mit „herzhaft“ oder „von einer befriedigenden Fülle“. Es gibt auch wenige Biere, die hauptsächlich „salzig“ wären, sehr zum Unterschied von zahlreichen vornehmlich „salzigen“ (nicht zu verwechseln mit „versalzenen“) Speisen. Jedoch gibt es viele Biere, die vor allem süßen Charakter haben, wie etwa manche Böcke, dunkles Bier österreichischer Brauart (die meisten Exemplare, aber nicht alle!) oder deutsches Export.

Vornehmlich bittere Biere sind zum Beispiel Pils, Stout oder IPA. Wir finden vornehmlich süße Speisen auch außerhalb der Desserts oder Kuchen, etwa manche Braten oder Currys. Bitterkeit in Speisen schätzen wir bei einigen Gemüsen, aber auch in zarter Variante bei Fischen oder Meeresfrüchten. Es ist demnach sehr gut möglich, Grundgeschmäcker in die allgemeine Kombinatorik einzubeziehen. Jeweils nach einem der Mottos „Parallel“, „Vis-à-vis“, „Push up“ oder „Besänftigung“.

Geruch

Neben den fünf Grundgeschmäckern gibt es eine nahezu unendliche Vielzahl an Gerüchen: duftende, betörende Aromen – im Bier, wie in den Speisen. Gehen wir einmal davon aus, dass wir ein vollkommen sauberes Bier vor uns haben; schließen wir also alle „Off-Flavours“ (so nennen Brauer jene Gerüche, die aus Bierfehlern entstehen) aus, dann können vor allem folgende Aromaklassen unterschieden werden:

Geruchsklassen

FRUCHTIG

- Zitrus (Zitrone, Orange, Grapefruit)
- Beere (Cassis, Himbeere, Erdbeere)
- Kernobst (Apfel, Birne)
- tropische Früchte (Mango, Ananas, Banane, Melone)
- Dörrobst (Dörrzwetschge, -feige, -dattel)

BLUMIG

- süße Blüten (Rose, Jasmin, Akazie)
- strenge Blüten (Schafgarbe, Lavendel, Geranie)

VEGETATIV
- frisch (Gras, grüne Nussschale, Minze, Zwiebel)
- gekocht (Kohl, Sellerie, Tomate)
- getrocknet (Heu, Stroh, Getreide, Tabak)
- harzig (Harz, Holz)

WÜRZIG
- streng (Lakritze, Pfeffer, Muskatnuss)
- süß (Vanille, Gewürznelke, Anis)
- nussig (Walnuss, Aschanti, Haselnuss, Marzipan)
- kräutrig (Liebstöckel, Thymian, Lorbeer)

WÄRMEGEPRÄGT
- karamellisiert (Karamell, Malz, Honig, Kakao)
- rauchig (Speck, Leder)
- Röstaroma (Röstnoten, Pumpernickel, Kaffee)

BIOLOGISCH
- Backwaren (Brot, Hefe, Lebkuchen)
- Papier (Pappe)
- animalisch (Katze, Pferdeschweiß, Schweiß)
- laktisch (Butter, Milchsäure)
- alkoholisch (brandig, Sherry)

Biss und Körper

Nachdem wir mit Vergnügen die Düfte des Biers und der Speise in uns aufgenommen haben, nehmen wir einen Bissen, einen Schluck zu uns. Beide, Bier und Speise, haben Biss und Körper. Bei der Speise erscheint uns das vielleicht logischer, so wie wir die Kategorie „Körper" eher dem Bier zuordnen würden.

Rezenz

Erlauben Sie uns, dass wir erneut die Musik heranziehen, um das Phänomen der Rezenz zu besprechen. Dort gibt es Klangflächen und Akkorde auf der einen Seite und Soli bzw. einzelne Töne auf der anderen Seite. Rezenz fällt auf wie ein gutes Solo. Beim Bier wird es durch die Intensität der Kohlensäure und durch Aromen (vor allem Bitterstoffe, die aus dem Hopfen gewonnen werden) erzeugt. Wir kennen das angenehme Prickeln auf der Zunge und in der Mundhöhle, wenn wir ein rezentes Bier antrinken. Bei den Genießern und vor allem bei den Genießerinnen scheiden sich da die Geister. Denn nach wie vor ist die statistische Verteilung der

Zuneigung zur Rezenz des Biers durchaus geschlechtsspezifisch. Viele Frauen mögen weiche, nicht allzu rezente Biere lieber. Unseren Kombinationsmottos können wir auch hier treu bleiben. Es gibt Speisen, die wie ein weicher, harmonischer Klangteppich wirken, deren Genuss aber bestens von dem markanten Solo eines hochrezenten Biers verschönert werden kann. Ebenso gut kann man milde Speisen, die einem orchestralen Tutti gleichen, mit einem genauso wohlakkordierten, weichen Bier zu einem perfekten Gleichklang kombinieren.

Liquidität

Die Liquidität betreffend ist die Breite der Möglichkeiten bei den Speisen weit größer. Sie können staubtrocken und hart sein wie Cantuccini oder flüssig wie eine klare Suppe. Ein Bier ist per definitionem flüssig. Selbst wenn man auch hier von höchst unterschiedlichen Viskositäten sprechen kann, so ist doch das Spektrum eher schmal im Vergleich zu jenem der Speisen. Dennoch bleibt zu überlegen, ob man eine trockene, harte Speise mit einem Bier vereint, das eher von öliger oder vielleicht von sehr dünnflüssiger Viskosität ist. Beides ist denkbar. Es kommt auch auf die Art an, wie man beides zu sich nimmt. Bleiben wir beim harten, trockenen Gebäck aus der Toskana, bei den Cantuccini: Hier dient das Bier dazu, durch Aufweichen das Backwerk überhaupt essbar zu machen. Wenn wir uns vorstellen, dass einige wenige Stücke zum Dessert genossen werden (man nimmt ein Stück Gebäck in den Mund und dazu einen Schluck Bier oder taucht das Gebäck in das Bier ein), so kann das durchaus ein öliges Starkbier sein, das, nebenbei gesagt, dem Mandelgebäck weitaus besser steht als der üblicherweise die Cantuccini begleitende Vin Santo. Trinkt man Bier, um etwas Salziges gut hinunterzuspülen, so kann ein sehr flüssiges, schlankes Pils oder Leichtbier eine gute Empfehlung sein.

Eine kleine Bier-Stilkunde aus Genießersicht

Nach wie vor glauben viele Menschen (auch solche, die sich als Bierliebhaber sehen), dass Bier zwar gut ist, aber nicht mit der Geschmacksbreite und Vielfalt des Weins mithalten kann. Das Gegenteil ist der Fall. Das ist schon an der Bandbreite der Alkoholgehalte erkennbar: Während die Alkoholgrade von Wein üblicherweise bei 10–14 % Vol. liegen (zählt man die Randbereiche dazu, kommen wir auf eine Breite von 9–15,5 % Vol.), haben wir Biere zwischen einem Alkoholgehalt von weniger als 0,5 % Vol. und auf der anderen Seite von über 40 % Vol. Mit der Vielfalt der Geschmäcker von Bieren verhält es sich im Vergleich zu jener der Weine genauso. Bier kann sehr sauer oder ziemlich süß sein – und alles, was dazwischen liegt. Es gibt schlanke Biere und solche mit mastigem, voluminösem Körper. Auch die Farben der Biere sind weit vielfältiger als jene der Weine. Das hellste Bier ist klar und durchsichtig wie reinstes Wasser, das dunkelste schwarz und opak. Dazwischen liegen Welten in gelb, gold, orange, bernstein, rot und allen möglichen Brauntönen. Wir haben völlig klare, transparente Biere (diese nennen wir „glanzfein") und (natur-)trübe.

Weltweit gibt es weit mehr als 120 Bierstile. Der World Beer Cup führte in seinem Wettbewerb anno 2010 ganze 90 Kategorien; der European Beer Star aus demselben Jahr bewertet Biere in etwa halb so vielen Kategorien. Schriebe man ein eigenes Buch der Bierstile, müsste es viele hundert Seiten stark sein. Für unsere Zwecke ist es daher sinnvoll, einige wenige Kategorien herauszugreifen (vor allem Bierstile, die in Österreich und Deutschland gebraut werden oder dort erhältlich sind) und den Versuch einer sinnvollen Unterteilung – aus Genießersicht – zu unternehmen.

Stilmerkmal Alkoholgehalt

Beginnen wir mit einer Einteilung: Es hat sich bewährt, Bierkategorien nach ihrem stilbestimmenden Alkoholgehalt zu ordnen. Eine solche Reihung beginnt „unten" mit dem so bezeichneten alkoholfreien Bier, das, wie Natur-Apfelsaft auch, immer einen geringen Rest von weniger als 0,5 % Vol. Alkohol enthält. Man darf es also keinesfalls Kindern oder Alkoholkranken servieren. Danach kommen Leicht- oder Schankbiere, die rund 3,5 % Vol. Alkohol enthalten. Alle weiteren Biere werden im Österreichischen Codex nach Stammwürzegraden eingeteilt. Vollbiere liegen bei 11,0–15,9 Grad Plato was (je nach Grad des Durchgärens) meist rund um die 5 % Vol. Alkohol bedeutet. Darauf folgt eine Kategorie mit einem Stammwürzewert ab 12,5 Grad Plato. In Österreich heißt sie „Spezial" in Deutschland „Export": Auch das deutsche (bayerische) Märzen gehört in diese Klasse. (Das österreichische Märzen hingegen gehört zu den Vollbieren). Danach folgen die Starkbiere mit einem Stammwürzegehalt ab 16 Grad Plato: Bock, Doppelbock und Eisbock. Bei dieser stärksten aller Bierkategorien wird dem Bier durch Ausfrieren Wasser entzogen, es wird auf diese Weise stärker gemacht. Anfang 2010 hieß das stärkste Bier der Welt „Sink The Bismarck". Es stammt von den jungen, hochkreativen Brauern des „BrewDog" aus Schottland und wird mit viermaligem Ausfrieren so stark gemacht. Im Finale dieses Buches wird es beschrieben.

Genuss mit Verantwortung

Aber wozu diese ganze Alkohol-Litanei, wenn es doch ums Genießen geht? Genau deswegen. Wer Bier genießt, sollte das unbedingt verantwortungsvoll tun, also darauf achten, wie viel oder noch besser wie wenig Alkohol er zu sich nimmt. Eine Fülle von Genuss- und Speisenkombinations-Entscheidungen hängt vom Alkoholgrad des Biers ab, welches man einsetzen will.

Vorentscheidungen im Zusammenhang mit dem Alkoholgehalt

- Welche Kombination mit einer Speise wird gewählt? Leichte, zarte Gerichte könnten von einem zu kräftigen Bier „erschlagen" werden; mit sehr kräftigen Speisen kann ein zu zartes Bier vielleicht nicht mithalten.

- Handelt es sich bei der Speise um ein Gericht, zu dem nur kleine Schlucke Bier genossen werden oder verlangt das Gericht nach viel Flüssigkeit (zum Beispiel weil es kräftig gewürzt oder recht salzig ist)? Im ersten Fall kann man auch ein Bier mit hohem Alkoholgehalt wählen, wenn so etwas zu dem Gericht passt. Im zweiten Fall ist ein leichtes Bier zu empfehlen.

- Wann, also zu welcher Tageszeit (und auch zu welcher Gelegenheit), setze ich das Bier ein? Möchte der Genießer bald nach dem Mahle selig einschlummern oder braucht er noch die volle Kraft, etwa um zu arbeiten? Dass man nur sehr wenig oder leichtes Bier trinken soll, wenn man danach Auto fährt oder eine Maschine bedient, versteht sich von selbst.

- Außerdem sollte die Reihung einer Bierfolge, die mit einem Menü abgestimmt wird, nicht unbedingt mit dem stärksten Bräu beginnen.

Bier nach Geschmack

Alkoholgehalte sagen noch nicht sehr viel über Geschmacksrichtungen aus. Die sind im Bier überaus vielfältig. Es gibt ziemlich neutral schmeckende Biere, bei denen sich alle Komponenten sehr zurückhaltend zeigen. Auch das Gegenteil existiert: Biere voller Intensität, mit kräftigen Malzaromen und markanten Hopfennoten. Wir haben Biere, die fast ohne jede Bittere auskommen und solche, die extrem bitter sind. Zu Ihrer Orientierung haben wir eine Übersicht geschaffen, die helfen soll, den richtigen Bierstil zu finden. Sie können sich auch beim Verband österreichischer Brauereien einen Bierfächer bestellen (ein Stück ist gratis, solange der Vorrat reicht). Karl Schiffner hat an der Entwicklung des Fächers mitgearbeitet. Auch ein Jahres-Abonnement des Magazins bier.pur ist sehr zu empfehlen. Einer der Autoren, Sepp Wejwar, ist Chefredakteur von bier.pur.

Die rechts stehende Einteilung entspricht jener des Bierfächers.

Weiters kann man Bierstile nach Körper einteilen oder nach der verwendeten Hefe in ober- oder untergärig. Außerdem können Biere trocken sein, süß, oder einen Punkt auf der dazwischenliegenden Skala markieren.

Sie sehen, es gibt viele Möglichkeiten der Einteilung die auf die Vielzahl der Parameter, welche Biere auszeichnen, hinweisen. Wir hoffen sehr, dass Sie, verehrte Leser und Leserinnen, nun nie wieder ein „normales" Bier bestellen werden.

Einteilung nach Bittere und Farbe der Biere

	Bittere	Bittere *	Bittere **	Bittere ***	Bittere ****	Bittere *****
Helle Farbe Gelb oder Gold		Internationales Lager	Kölsch		Pils (deutsche Brauart)	
Mittleres Gelb oder Gold	Weizen, hell, Weizen, leicht	Medium Lager, Alkoholfreies Bier	Helles (Lager), Märzen (österr. Brauart), Schankbier, leicht, Export	Pils (österr. Brauart)		
Dunkles Gelb oder Gold; helles Bernstein, helles Rot, Braun oder Orange	Geuze		Spezial (österr. Brauart), Zwickl (Kellerbier), Tripel, Heller Bock, Wiener Lager			IPA (India Pale Ale)
Dunkles Bernstein, Braun, Rot oder Orange	Weizenbock, dunkles Weizen		Märzen (bayerischer Brauart), Eisbock	Strong Ale	Red Ale	
Sehr dunkles Braun oder Schwarz		Dunkles, Dunkles böhmischer Brauart,	Rauchbier, Dubbel, Doppelbock, Alt, Porter	Schwarzbier	Stout	

BEER FOR PUNKS

℮0,5l
MINDESTENS HALTBAR BIS:
L10.07.10

Wie man ein mehrgängiges Menü mit Bier vollkommen macht

Bier ist keine Speisenbegleitung. Es ist viel mehr. Will man ein Menü nur begleiten, kann man es mit Wein versuchen. Kombiniert man allerdings Speisen und Bier richtig, so reicht das weit über ein begleitendes Nebeneinander hinaus. Eine gelungene Kombination von Speisen und Bier ist keine geringere Handlung als jene der Transzendenz. Zwei Partner (eine bestimmte Speise und ein bestimmtes Bier) bieten durch ihr Zusammenwirken mehr als die Summe ihrer Angebote (Aromen, Konsistenzen, Texturen, Fülle oder Leichtigkeit). Die richtige Kombination von Bier und Speisen hebt beides auf eine höhere Ebene. Wer das einmal erlebt hat, sagt mit Begeisterung: „Begleitung? Nein danke! Ich will die Sensation der Kombination."

Der Aperitif – Ouvertüre einer großen Oper

Ohne Aperitif wäre kein Menü vollständig. Ein Glas gut gehopften (und im Alkohol nicht zu schweren) Biers ist ein ausgezeichneter Aperitif. Warum sind wir uns da so sicher? Die Antwort gibt der Hopfen bzw. einige seiner tausenden Aroma- und Wirkstoffe. Es sind vor allem die aus dem Hopfen ins Bier gebrachten Bitterstoffe, die unseren Appetit anregen und den Magen aufnahmefähig machen. Machen Sie den Selbstversuch: Wenn Sie um die Mittagszeit keinen Appetit verspüren, aber außer einem kleinen Frühstück noch nicht viel gegessen haben, dann gönnen Sie sich ein kleines Pils, ein Pfiff genügt. Innerhalb weniger Minuten erwacht ein richtiger Hunger. Also beginnen wir ein Menü mit einem gut gehopften Aperitif-Bier. Im Rahmen der sensationellen Kombinationen werden wir Ihnen darüber hinaus auch noch die, bislang weithin unbekannten, Bier-Cocktails vorstellen.

Ein Gruß aus der Küche – und aus dem Bierkeller: Neue Ideen

Will man die Vielzahl der Biere des Menüs nicht zu groß gestalten, so kann man das Aperitif-Bier langsam zum Amuse-Gueule austrinken. Dazu muss man natürlich einen Gaumenkitzler auswählen, der zum Stil des Aperitif-Biers passt, also zum Beispiel gut mit zartbitteren Aromen spielen kann. Möchte man allerdings die Varianz der Bierstaffel zur Perfektion bringen, so ist natürlich auch zum Gruß aus der Küche ein eigener Schluck Bier vorzusehen. Entsprechend der Portionsgröße eines Amuse-Gueules sollte das nur ein kleiner Schluck sein. Genauso, wie die Küche den Gast mit ihrem Gruß auf neue Ideen bringen möchte, will das auch der Biersommelier. Da es ja nur ein kleiner Schluck ist, kann das durchaus ein ziemlich „exotisches" Bier sein. Wagen wir uns doch an eine kleine Menge (zum Beispiel 0,1 l) eines intensiv säuerlichen Geuze [sprich: gó:z]. Oder an ein Rauchbier, wenn eine Scheibe geselchter Hirschschinken oder ein Stück vom geräuchertem Forellenfilet mitsamt einer Löffelspitze Oberskren vor uns liegt.

Bier und Suppe – Flüssiges mit Flüssigem vergelten

Nein, wir kommen Ihnen jetzt nicht mit der immer wieder besprochenen Biersuppe. Wir glauben auch nicht an das „Gesetz", das besagt, dass man zur Suppe nichts trinken soll. Im Gegenteil. Wenn sich im Mund Flüssiges mit Flüssigem mischen darf, so kann das zu ganz besonderen Sensationen führen. Wird der Mund zur Mischbatterie, so kombinieren wir nicht nur Aromen, Konsistenzen etc., sondern auch Temperaturen. Von heiß-kalt über lau-lau bis zu kalt-kalt und so weiter. Regt das Ihre Fantasie an? Wir legen nach: Nicht jedes Bier soll eiskalt getrunken werden. Es gibt Bierstile, die man temperiert genießt und solche, die man lauwarm trinkt. Es gibt auch Biere, die leicht angewärmt werden sollen, bevor man sie serviert. Eine geeiste Suppe gemeinsam mit einem solchen Bier zu servieren gehört sicher zu den gewagteren Kombinationen. Aber stellen Sie sich eine, nicht zu heiße, Kürbiscremesuppe vor, durchzogen mit einem guten Schuss Kürbiskernöl und kombiniert mit einem nicht zu kalten Kürbisbier. Wem da nicht das Wasser im Mund zusammen läuft ...

Vor- und Hauptspeisen – Höhepunkte auf der Intensitätskurve

Hier wollen wir uns gar nicht mit zu viel Grundsätzlichem aufhalten, denn im Kombinationsteil des Buches werden zahlreiche konkrete Anregungen gegeben. Für beides, Bier und Speisen, gilt zumeist: aufbauen, auf einen dramaturgisch gut gesetzten Höhepunkt hinsteuern. Aber jedes Gesetz ist nur so gut wie die Ausnahmen, die es außer Kraft setzen. Wer schon eine sichere Hand in der Kombinatorik entwickelt hat, der soll auch hier der Kreativität freien Lauf lassen. Eine früh gesetzte Klimax wirkt höchst überraschend. Vielleicht „überfallen" Sie Ihre Gäste mit einer extrem üppigen Kombination aus einem Bier und einer Speise schon an zweiter Stelle einer Menüfolge und nehmen dann, zur Erholung, Schritt für Schritt die Intensität zurück. Bis hin zu einem weichen und sanften Ausklang.

Machen Sie Ihr Biermenü grafisch sichtbar

Erlauben Sie sich den Spaß eine Intensitätskurve zu skizzieren. Auf der x-Achse tragen Sie die Intensität ein, auf der y-Achse die einzelnen Gänge. Sie können mit zwei Farben arbeiten – eine für die Biere, die andere für die Speisen. Vielleicht gefällt es Ihnen beides parallel zu führen, vielleicht möchten Sie überraschende Kontrapunkte setzen und die Kurven hier und dort spiegeln. Dieses Spiel lässt sich beim Bier fast beliebig erweitern, indem man neue Parameter einführt, wie etwa Alkoholgrade oder die Bittere (die ja nach EBU-Einheiten gemessen und in Zahlen ausgedrückt werden kann).

Desserts – süße Gerichte passen ganz hervorragend zu Bier

Es mag noch immer so manchen Bierliebhaber überraschen, aber von allen Kombinationsmöglichkeiten – Bierstile hier, Grundgeschmacksrichtungen da – finden sich die besten Ergänzungsmöglichkeiten von Bier mit süßen Speisen. Das Spektrum ist hier sehr breit, achten wir demnach vor allem auf die Abfolge der Biere im Rahmen des Menüs. Vielleicht ist es an der Zeit, erstmals ein Weißbier einzusetzen. Es kann nämlich passieren, dass untergärige Biere nach dem Genuss von Weißbier nicht mehr so gut munden. Weißbier kann sich sehr dominant im Geschmacksempfinden festsetzen, sodass ein unmittelbar nach dem Genuss von Weizenbier getrunkenes untergäriges Bräu nicht seinen gesamten Eindruck auf der Zunge und am Gaumen des Genießers entfalten kann. Setzt man (etwa zu fruchtigen Desserts) ein fruchtiges, obergäriges Bier ein, so sollte man auch für den später folgenden Digestif ein Bier vorsehen, dass sich gut nach Weizenbier antrinken lässt.

Bier und Käse – ein ganzes Universum an Sensationen

Käse wird immer besser, auch die Auswahl an Käsen wird zum Glück immer vielfältiger. Lokal, regional, national oder international; frisch, weich oder hart, ein Stück erstklassigen Käses kann ein später Höhepunkt in der Menüfolge sein – wenn es zum vorgesehenen Bier passt. Die Kombination von Bier und Käse ist eine eigene, vielschichtige „Wissenschaft". Vielleicht sollten wir auch darüber ein eigenes Buchprojekt andenken. An dieser Stelle sei deshalb vor allem auf die Kombinationen hingewiesen, die im Bier und Käse-Teil unseres Buches anregend auf Sie wirken sollen.

Die Lust der Wahl – oder die Sensation der vielfachen Kombination

Geschmack ist, wie wir festgestellt haben, eine sehr individuelle Angelegenheit. Wenn Sie ein Biermenü vorbereiten, besteht auch die Möglichkeit zu dem einen oder anderen

Gang zwei oder vielleicht sogar drei Biere (mehr wäre wohl zu viel) parallel zu servieren. So etwas regt den Spieltrieb und die Neugierde im Menschen an – und die Diskussion am Tisch.

Digestif – das letzte Bier soll besonders gut in Erinnerung bleiben

Der Schlusspunkt soll ein starkes Zeichen sein. Außerdem haben wir gut und vielleicht sogar üppig getrunken und gegessen. Demnach hat der „bierige" Digestif seinen Zweck in der Unterstützung der Verdauung. Es dürfen also keine allzu schweren oder gar klebrigen Biere (die an anderer Stelle hervorragend munden würden) eingesetzt werden. Vielmehr soll der Digestif den Gourmets auch Erleichterung verschaffen. Es muss also keineswegs ein im Alkohol besonders kräftiges Bier sein, welches wir zum Abschluss einplanen. Lassen Sie sich von unseren Ideen dazu inspirieren.

Menüfolge – Soll man von den Speisen oder vom Bier ausgehen?

Wir würden dazu raten vom Bier auszugehen. Es ist (heute noch) meist anspruchsvoller in der Beschaffung (wenn man nicht ganz exotische Gerichte kochen will). Wir haben deshalb das Buch in Abschnitte eingeteilt, die von der Speisefolge ausgehen. So finden Sie sich am besten zurecht. Blättern Sie nach Herzenslust in unseren Kombinationen und greifen Sie heraus, was Ihnen besonders zusagt oder außergewöhnlich spannend erscheint. Sehen Sie zu, ob Sie die Biere bekommen, die Sie für die Abfolge brauchen – oder ob sie bei der einen oder anderen Kombination einen passenden Ersatz für unseren Vorschlag finden. Dann ist es nicht mehr weit bis zu einem gut strukturierten Einkaufszettel für den Lebensmittelmarkt. Wir, die Autoren, wünschen Ihnen und Ihren Gästen in jedem Fall gutes Gelingen, viel Spaß und echte Sensationen durch die von Ihnen geschaffenen Kombinationen.

Vom richtigen Zapfen

Richtiges Bierzapfen will gelernt und geübt sein. Für das Zapfen soll man sich Zeit nehmen, jedoch höchstens drei Minuten. Penible Hygiene ist das Um und Auf beim Bierausschank. Dummerweise schenken die Wirte der Bierhygiene zu wenig Aufmerksamkeit. Der Spruch: „Der Brauer braut's, der Wirt versaut's" trifft leider oft zu. Die gesetzlichen Rahmenbedingungen helfen in Österreich wenig. Die Bierleitungen müssen laut alpenrepublikanischem Gesetz nur alle drei Monate gereinigt werden.

Und wie macht das der Weltmeister? Schiffner reinigt seine sechs Leitungen, seine Zapfhähne und Zapfköpfe einmal pro Woche mit Reinigungslösung. Täglich werden im Biergasthaus zu Aigen-Schlägl die Leitungen entleert. Wenn aufgesperrt wird, kommt nur frisches Bier sauber aus dem Fass. Der Betriebsdruck der Zapfanlage hängt vom Sättigungsdruck im Fass (je nach Temperatur unterschiedlich) und vom Förderdruck (der aus der Steighöhe und Reibungsverlusten resultiert) ab.

Zapfen aus der Flasche

Auch das Einschenken aus der Flasche will gelernt sein. Die meisten Bierkonsumenten nehmen das Glas, halten es ganz schräg, legen den Flaschenhals oben auf die Glasöffnung und füllen das Bier ins Glas. Das nennen wir „umfüllen“, nicht „Bier zapfen“. Der Körper des Biers kann sich nur dann entfalten, wenn das Glas in eine nur leichte Schräglage gebracht wird und das Bier mit viel Schwung über den Glasrand fließt. Wird das Getränk mit Sauerstoff angereichert, eröffnet sich intensiverer Geschmack. Sepp Wejwar bringt in bier.pur immer wieder Aktuelles zu dem unterschätzten Themenbereich Zapfen. Als besonderer Service für Wirte und Hoteliers steht der Autor und Diplom Biersommelier auch für Schulungen, Vorträge und Bierverkostungen zur Verfügung.

Die richtige Glaswahl

Die Glaswahl wird von Biergenießern meist deutlich unterschätzt. Dabei ist das richtige Glas wesentlich, manchmal ausschlaggebend für wahren Biergenuss. Viele Biertrinker verwenden für jedes Bier, gleich welchen Stils, ihr Lieblingsglas. Die Verwendung eines für den jeweiligen Bierstil geeigneten Glases ermöglicht jedoch erst das vollkommene Geschmackserlebnis. Wer bisher jedes Bier aus demselben Glas getrunken hat, dem eröffnen sich durch andere, passende Gläser neue Welten.

Neben dem Bierstil beeinflusst der Genussanlass die Glaswahl: Zu welcher Speise will man das Bier trinken? Genießt man es „solo“? Allein? Mit Freunden? Im Lokal bestellt man für gewöhnlich ein Fassbier nach der Menge, die Glasgröße ist damit vorbestimmt. Die korrekte Glaswahl wird bei Bestellung von Flaschenbier-Spezialitäten erleichtert.

Nur wenige Bierfreaks kennen alle unterschiedlichen Bierstile die weltweit angeboten werden. (Nach unserer Auffassung sind das zurzeit rund 120.) Leider gibt es nur ganz wenige Lokale, welche die Möglichkeiten anbieten, mehrere Biersorten mit dem jeweils geeigneten Glas zu verkosten. Im Biergasthaus Schiffner stehen über 100 unterschiedliche Glastypen zur Wahl. Karl Schiffner bietet meist rund 150 höchst unterschiedliche Biere an. Das erfordert natürlich eine ausgeklügelte Logistik. Das Ergebnis – glückliche, überraschte und begeisterte Gäste – ist natürlich diese Mühe wert. Wir haben für Sie einige Regeln zusammengestellt, die Ihnen die Glaswahl erleichtern werden.

SAUBERKEIT

Die wichtigste Regel: Das Bierglas muss vollkommen sauber, also auch frei von Fingerabdrücken sein.

REINIGUNG, maschinell

Biergläser dürfen niemals in der Geschirrspülmaschine gereinigt werden! In der Gastronomie werden eigene Gläserspülmaschinen eingesetzt. Sie müssen auf Bierglaspflege optimal eingestellt werden. Mit der richtigen Dosierung (je nach Wasserhärte) des Spülmittels bzw. Glanztrockners erhält man ideale Ergebnisse. Die Wassertemperatur sollte ca. 60 °C für das Reinigen und ca. 80 °C für das Nachspülen betragen. Ausreichendes Lufttrocknen verhindert Fehlgerüche. Anschließend sollten die Gläser immer auf einer Glässermatte abgestellt werden (keine Stoffunterlagen!).

REINIGUNG, händisch

Richtige Handreinigung geht so: Die Gläser werden mit einem Glasspülmittel gereinigt und dann mit klarem Wasser nachgespült. Poliert man die Gläser, müssen eigene Gläsertücher (keine Geschirrtücher) verwendet werden.

AUSSPÜLEN

Wir sind der Meinung, dass das Ausspülen der Gläser nicht unbedingt erforderlich ist, es sei denn, das Glas soll gekühlt werden.

WELCHES GLAS ZU WELCHEM BIER?

Als Faustregel gilt: je schlanker das Bier, desto schlanker soll auch das Glas sein. Starkbiere mit vollem Körper verlangen nach einem breiteren Glas.

Glastypen

Pils-Stange

Kölsch-Stange

Alt-Stange

Becher

Bierkrug

Elegante Biertulpe

Pokal, geschwungene Form	Weizenbierglas	Trappistenbierglas
Biersommelier-Verkostungsglas	Biersommelier-Weltmeister-Verkostungsglas	Kwak-Glas

Glastypen

Stange (Leichtbier, Schankbier, Pils, Kölsch, Alt)
Der schlanke Körper soll elegant die Zungenspitze umspielen, daher wählt man ein schmales Glas für ein leichtes, spritziges Bier. Die Geschmackswahrnehmung ist dann geradlinig und bewirkt ein Gefühl von Frische.

Kölsch-Stange (Kölsch, Pils, Lager)
Kölsch ist ein erfrischender Bierstil, der eine gleichmäßige Kühle verlangt. Die Spritzigkeit eines Kölsch wird nur mit der typischen Kölsch-Stange erreicht. Kölsch in einem breiten Pokal reduziert Frischeeindruck und Geschmacksintensität. Deshalb haben Kölsch-Gläser einen Inhalt von nur 0,2 l.

Alt-Stange (Altbier, Wiener Lager, Dunkles)
Alt-Gläser sind etwas niedriger, dafür breiter als die Kölsch-Stange. Der gerade Fluss auf die Zunge lässt die Aromen zügig von vorne nach hinten über die Zunge und hier auch über die Seitenränder wandern. Wenn man vor dem Schlucken das Bier noch ein paar Sekunden länger im Mund lässt, spürt man die röstaromatischen Töne in Verbindung mit feinen Hopfenklängen.

Becher (Lager, Helles, Märzen, Zwickl, Dunkles, Ale, Stout)
In Deutschland und Österreich hat der sogenannte Willi-Becher Tradition. Märzenbiere haben heute keine so dichte Geschmacksstruktur mehr, sie sind den Lagerbieren ähnlich geworden. Hier darf ruhig auch ein größeres Glas genommen werden. Der malzige Geschmack wird durch gleichzeitiges Benetzen möglichst vieler Geschmacksrezeptoren als weich und balanciert empfunden. Ähnliches gilt für das original Pint in England, das für Ales und Stouts verwendet wird.

Bierkrug (Lager, Helles, Märzen, Zwickl, Dunkles)
Die Glasform beeinflusst die Fließgeschwindigkeit des Biers. Die Stärke des Glases bzw. Tongefäßes spielt eine wesentliche Rolle beim Erhalten der Trinktemperatur. Bierkrüge sind daher in der wärmeren Jahreszeit in den Biergärten sehr beliebt.

Tulpe (Pils, Spezial- bzw. Exportbier)
Je deutlicher die Bittere, desto schlanker soll der Glaskörper sein. So können sich die Hopfenaromen langsam auf der Zunge ausbreiten und zu einem runden Finale führen. Ein böhmisches Pils mit typisch kräftigem Körper kann in einer breiteren Tulpe serviert werden.

Pokal, niedrige, gerade Form (Heller Bock, Doppelbock, Festbiere)
Eine große Glasoberfläche fördert die Sauerstoffanreicherung und somit die Aromenentfaltung. Die intensiv schmeckenden Bockbiere sollen langsam und aufmerksam eingeschenkt werden.

Pokal, hohe Form (Böhmisch Dunkel, Schwarzbier, Rauchbier, Altbier, Porter)
Ein geschwungener Glaskörper mit ausgedehnter Oberfläche lässt ein Aromaspiel von Malzsüße und brenzligen Rösttönen zu. Vor allem Rauchbiere können sich in solchen Gläsern gut entwickeln.

Pokal, geschwungene Form (Lambic-Biere, Geuze, Fruchtbiere, India Pale Ale)
Ein Glas für Bierspezialitäten. Die Form bringt Schwung in den Fluss. Die nach außen ragende Öffnung erlaubt in den vorderen Mundpartien ein frühes Erkennen der Aromen. Säure, Süße und Bittere können besser wahrgenommen werden.

Weizenbierglas (Weizen hell, Weizen dunkel)
Aus Weizenbier strömen leicht wahrnehmbare Duftnoten. Ihre Aufnahme wird durch das oben breitere Glas unterstützt. Da fruchtige Aromen dominieren, darf das Bier den gesamten Mundraum gleichmäßig benetzen.

Trappistenbierglas (Trappistenbier, Belgisches Tripel, Belgisches Dubbel)
Dieses Glas hat eine breite Schulter. Dadurch kann man die Intensität des Biers voll erkennen. Die aufwändige Aufmachung und das hochwertige Glas verleihen dem Bier eine mystisch-edle Note. Das Duftspiel verändert sich: Es beginnt

mit Fruchtnoten und endet mit sauberen Malzklängen, die man dank dieses Glases gut erkennt.

Schwenker (Porter, Stout, Imperial Stout, Eisbock, Whisky casked beers)
Das vielschichtige Aromabukett reifer Jahrgangsbiere kommt am besten in einem Schwenker zur Geltung. Der Duft bleibt durch die sich nach oben verjüngende Form lange erhalten.

Biersommelier-Verkostglas (zur analytischen Bierverkostung, auch für Spezialbiere geeignet)
Karl Schiffner war als Teil der mehrköpfigen Arbeitsgruppe unter Federführung von Axel Kiesbye, dem Braumeister der Trumer Brauerei, an der Gestaltung dieses offiziellen, zertifizierten Verkostungsglases des Verbands der Biersommeliers beteiligt. Der schmale, zylindrische Unterteil des mundgeblasenen Qualitätsglases dient zur Bestimmung der Farbe und Farbdichte. Im darüberliegenden, tulpenförmigen Oberteil können sich die bierspezifischen Aromen gut entfalten. Der geschwungene Glasrand sorgt für schönen Schaum und einen dezenten Antrunk. Das erfreut nicht nur die Biersommeliers. Dieses Glas ist für jedermann beim Verband der Biersommeliers (www.biersommelier.de) erhältlich.

Biersommelier-Weltmeister-Verkostglas
(zur allgemeinen Bierdegustation)
Nach dem Gewinn der ersten Weltmeisterschaft für Biersommeliers 2009 hat Karl Schiffner sein eigenes Verkostglas entwickelt. Kurt Zalto von Zalto-Glas Neunagelberg hat ihn fachlich beraten. Das stilvolle Bier-Verkostglas wurde erstmals auf der drinktec 09 in München dem Fachpublikum vorgestellt, internationale Bierexperten zeigten sich begeistert.
Der lange Stiel bringt das Bier auf ein höheres Niveau. Die Stärke des Stiels lädt den Verkoster ein, das Glas und damit das Bier respektvoll in die Hand zu nehmen. Der etwas breitere Glasboden und die ausgeprägte Wölbung helfen, den Kohlensäureverlust beim Einschenken in Grenzen zu halten. Das Bier schwappt nicht über, auch wenn man das Glas beim Einschenken stehen lässt. Das optimale Zapfen ist für eine gute Geschmacksentfaltung wesentlich. Der zarte Schwung im Glasoberteil und die leichte Außenwölbung bringen die Flüssigkeit beim Verkosten in eine Kurvenbewegung. So angeregt trifft das Bier auch auf die tieferen Stellen der Geschmacksknospen. Das Verkostglas ist im Biergasthaus Schiffner erhältlich.

Spezialgläser
Als man noch auf richtige Pferdestärken setzen musste, wurde das berühmte Kutscherglas verwendet. Es erinnert an eine große Kugel, die sich mit einem langen, weit ausladenden Trichter nach oben öffnet. Dieses Glas wurde mit Bier gefüllt und mit einem Lederriemen an der Kutsche festgebunden. Die Kutscher saugten das Bier durch lange Trinkhalme. Böse Zungen behaupten, dass man sie deswegen selbst auf ihren Sitzen festgebunden hat. Die Erfindung des Sicherheitsgurtes fand also lange vor der Motorisierung statt. In England kennt man dieses Glas bereits seit 1685 unter dem Nmen „Yard Of Ale“, da es die exakte Höhe von einem Yard (91,44 cm) aufweist. Das Fassungsvermögen dieses Glases entspricht zwei englischen Pints (1,14 l). Die runde Form des Glases erlaubt kein Abstellen, man benötigt eine Halterung, die meist an der Wand befestigt war. Aus so einem Glas muss aufmerksam getrunken werden. Denn sobald Luft in die Kugel eindränge, ergösse sich ein Bierschwall in den Mund. So groß, dass er nicht geschluckt werden kann. Das führt in den meisten Fällen zur Biertaufe. Diese Glasform gibt es auch etwas kleiner von der Brauerei Bosteels in Belgien als sogenanntes Kwak-Glas. Es trägt den Namen seines Schöpfers Pavel Kwak, der die nach ihm benannte belgische Bierspezialität schon vor über 200 Jahren gebraut hat.
„Das österreichische Bierbuch“ von Sepp Wejwar, erschienen im April 2009, enthält weitere interessante Informationen zum weitläufigen Thema „Biergläser“.

ESTD 1759
GUINNESS
DRAUGHT
FOR USE WITH
SURGER UNIT
ONLY
H2O
SLOW

hofstettner Bier
BOCK
KÜHL UND DUNKEL LAGERN
WWW.HOFSTETTEN.AT
BOCKBIER

BREWDOG
CERVEJA
EISENBAHN
BLUMENAU
St. Bernardus
Tripel
ORVAL
TRAPPIST
Leffe
Brauerei Schönram
225 Jahre
gegr. 1780
GRIESKIRCHNER
BIER-SPECIALITÄTEN
FESTBOCK
Lindemans
WELLS
BREWERS SINCE 1876
HB
PRODUCT OF
Thailand
Brouwerij Het Anker
LAMBIC
SCHNEIDER
WEISSE
ALKOHOLFREI
Salzburger
Stiegl
Bier
HUBER WEISSES
ORIGINAL
Schlägl
T
PELFORTH
Schloßbrauerei Grünbach
Grünbacher
WEISSBIER
altbairisches
weisses
Weizenbier
Reissdorf
Kölsch
Coopers
Trappist Westvleteren
bevat
gerstemout
12
BIER
10,2% VOL
JEVER
PILSENER
Gösser
BOCK
TRAPPIST WESTMALLE
DUBBEL
Bohemia
regent
PFAFFENBERG
Privatbrauerei
STÖTTNER
des mogi
NIEDERBAYERN
BIERE DES TRAPPISTES
6
Cat.S
ROCHEFORT
Gatz
Altbier
AVENTINUS
Weizenstarkbier
DISTELHÄUSER
Immer eine frische Idee

Erprobte **Kombinationen** von Bier und Speisen

APEROL
APEROL
Aperitivo
POCO ALCOLICO
A BASE DI
INFUSI DI ERBE
E RADICI
SELEZIONATE.
Ricetta originale
del 1919
BARBIERI
pale ale
HaandBryggeriet

Bier als Aperitif

Die willkommene Überbrückung zwischen Begrüßung und Vorspeise ist ein guter Beginn. Im deutschsprachigen Raum bietet sich dafür ein Pils an. Seine deutliche Hopfenkomponente regt den Appetit an. (Mehr dazu finden Sie im einführenden Kapitel zum Thema Zusammenstellung eines Biermenüs). Weil der Gedanke an ein zweites Pils manchmal näherliegt als jener an das Essen, brechen wir den Purismus auf. Wir empfehlen in diesem Abschnitt Biermixgetränke für den Auftakt eines vielstufigen Gaumenerlebnisses.

Bier-Cocktails sind wundervolle Kombinationen, die je nach Charakter des Biers, jahreszeitlichem Ablauf oder thematischem Anlass kreiert werden. Setzt man sie als Aperitif ein, ist bei der Gestaltung der Rezeptur auf die appetitanregende Wirkung zu achten. Solche Biermischgetränke steigern die Vorfreude auf das Essen.

Der moderate Alkoholgehalt bei einem Bieraperitif hilft den Blutzuckerspiegel zu senken und die Nahrungsaufnahme zu unterstützen. Der Stoffwechselkreislauf wird in Schwingung gebracht, man verhindert ein zu früh einsetzendes Völlegefühl. Die Lust auf den lukullischen Genuss wird gesteigert wie das allgemeine Wohlbefinden. Die Geschmacksempfindungen eines Menschen verändern sich im Laufe seines Lebens oft gravierend. Bei der Wahl des richtigen Aperitifs muss man primär die Gästewünsche berücksichtigen. (Bitteraromen werden von jüngeren Menschen intensiver wahrgenommen).

In feinen Restaurants wird Bier viel zu selten als Appetitanreger eingesetzt. Auch in Tourismusschulen wird (bis auf wenige Ausnahmen) kaum Wert auf die Verwendung von Bier gelegt. In anderen Ländern – speziell in Belgien, Italien, den skandinavischen Ländern oder Amerika – werden Biere auch als positive Überraschungsmomente am Beginn eines festlichen Essens angeboten. Dort steht eine ganze Reihe von Bieren zur Verfügung, die begeistern und zum wiederholten Genuss einladen. In unseren Landen hingegen herrscht Mutlosigkeit – bei den Brauereien, bei vielen Braumeistern, vor allem aber bei Marketingexperten. Bei den Gastronomen herrscht zu einem hohen Anteil obendrein Unwissen. Neue Genussprodukte werden kaum zugelassen. Unsere folgenden Aperitif-Empfehlungen sind allesamt in der Praxis erprobt. Sie werden von den Gästen des Biersommelier-Weltmeisters geschätzt und oft nachgemixt. Darüber hinaus seien der Kreativität keine Grenzen gesetzt. Wer hier einmal seine Liebe zu Aperitif-Bieren gefunden hat, wird mit Genusserlebnissen belohnt.

Campari-Pils (Churchill)

Die Verbindung der beiden Bittergeschmäcker wirkt appetitanregend. Frische Hopfenaromen des Pilsbiers, verbunden mit der leicht süßlich-bitteren Geschmackskomponente des Camparis regen die Magensäfte an und beleben auf angenehme Art und Weise die Geschmacksrezeptoren im Mund.

In alten Bar-Lehrbüchern (etwa von Harry Schrämli) wird diese Mischung „Churchill" genannt. Man hat seinerzeit zuerst einen halben Messbecher Campari in das Glas gegeben und mit hellem Bier aufgefüllt. Der Weltmeister hat ihn modifiziert. Dazu Karl Schiffner:

„Campari-Pils ist mein gängigster Bieraperitif. Kaum jemand trinkt bei uns Campari mit Soda oder Orangensaft. Pils eignet sich aufgrund der feinen aromatischen Bittere besonders gut für diese Mixtur. Im Frühjahr oder Sommer verwenden wir zum Mischen meist das Trumer Pils, wegen seiner angenehm-schlanken Struktur. In der kälteren Jahreszeit nehmen wir hauptsächlich das Schlägl Abtei Pils, das sich etwas körperreicher einbringt. Das optimale Mischungsverhältnis ist 1/8 l Pils + 2 cl Campari. Man zapft zuerst das Pils in das schlanke Glas mit einem nach außen gewölbten Rand. Langsam leert man den Campari über die Schaumkrone. Durch die Schwerkraft – Bier ist leichter als Campari – dringt der Campari nach unten und färbt den Cocktail. Das rötlich schimmernde Aussehen gibt einen weiteren Anreiz für einen interessanten Trinkgenuss."

Übrigens wird die Farbe für Campari nicht mehr aus Blattläusen gewonnen, heute werden Lebensmittelfarbstoffe verwendet. Der Geschmack des Camparis kommt von einer Vielzahl an Zutaten, die natürlich geheim gehalten werden. Angeblich kennt nur eine einzige Person das vollständige Originalrezept.

Kombi NOTIZ

Riecht man an dem Cocktail, treten charmante Fruchtdüfte hervor, verwoben mit herben Kräuteraromen, dahinter sitzt eine blumige Wolke, die fest am Glasrand klebt. Der Anfangsgeschmack wird von fruchtigen Zitrusaromen begleitet. Sie eröffnen ein tiefes Empfinden im vorderen Mundbereich. Herber, elegant-bitterer, leicht würziger (Maggikraut-) Geschmack macht sich breit und verdrängt die Fruchtigkeit, bringt ein wohlig warmes Mundgefühl hervor und endet in einer zarten Bittere. Der Gesamteindruck hinterlässt eine markante Bitterkeit, die eher erfahrene Biergenießer erfreut.

Bier mit Aperol

Dieser fruchtig-leichte Likör bringt viele Menschen ins Schwärmen. Vor allem in der warmen Jahreszeit, wenn sie vom jüngsten Italienurlaub träumen. Die Mischungen mit Prosecco, Sekt, Wein, oder Tonicwater bzw. der sehr beliebte Aperol-Spritz rufen südliches Flair angenehm in Erinnerung. Bittere Süße, die von Blutorangen und Rhabarber stammt, macht Aperol so beliebt. Sein Alkoholgehalt ist um einiges niedriger als jener des Camparis, das Frischegefühl wird durch kühle, frische Kräuteraromen unterstützt. Dieser mittlerweile nicht nur in Italien bekannte und beliebte Bitter wird jedoch nur selten mit Bier in Verbindung gebracht. Die Mischung von Bier und Aperol ergibt ein angenehmes Sommergetränk, das vor einem mediterranen Menü die Geschmacksrezeptoren beschwingt und ein heiteres Lebensgefühl erwachen lässt.

Die Orangennote des Aperol wird mit grazilen Fruchttönen, die ein Pilsbier, aber auch ein Pale Ale (britischer, heller Bierstil mit dominanter, aromatischer Hopfennote) auszeichnen, elegant unterlegt.

Die verwendeten Biere haben dieser Mischung ulkige Namen beschert. So haben wir es schon als „Trumerol“ oder „Zipferol“ bei bierkulinarischen Veranstaltungen entdeckt. (Bei solchen Wortspenden muss man aber achtgeben, dass die Bezeichnung nicht zu sehr an Mineralölprodukte erinnert.) Grundsätzlich eignen sich fast alle Pilsbiere. Im Biergasthaus Schiffner kann man sich ein „Aper-ale“ bestellen.

Kombi NOTIZ

Dieses fruchtig-leichte Aperitifbier besteht aus 0,1 l Meantime Pale Ale aus London und einem Spritzer Aperol, der oben auf die Schaumkrone des gezapften Biers getröpfelt wird und dem Getränk eine orange leuchtende, auffallende Farbe verleiht. Auf keinen Fall sollte man dafür ein zu breites Glas verwenden. Ein schlankes Glas konzentriert die spitzen, fruchtigen und leicht erkennbaren Zitrusaromen und setzt die Flüssigkeit zentral und geradlinig auf die Zunge. Die Intensität wird dadurch auf Süßaromen fokussiert und ein willkommenes „Entree“ beschäftigt erst nach und nach die hinteren Zungenränder mit den bittersüßen Aromen. Im Abgang erkennt man herb-frische Kräuternoten mit einem stimmigen Ausklang.

Die Geschmacksgebung kann mit der Menge an Aperol gut beeinflusst werden. Sind die Vorlieben eher für die Süße vorhanden, fügt man einfach noch etwas Aperol hinzu. Will man den Malzgeschmack des Biers besser erkennen, dann wird die Dosis reduziert. Mit diesem Wechselspiel kann man aus zwei Getränken unterschiedliche Geschmacksstrukturen erzeugen. Viel Spaß beim Probieren!

Picon-Bier

Picon stammt ursprünglich aus Frankreich. Der dunkle Kräuterlikör schmeckt würzig, aber auch fruchtig und wird vorwiegend als Aperitif eingesetzt. In Österreich, Deutschland und der Schweiz findet man dieses Getränk kaum noch. Vielleicht ist aber dem einen oder der anderen noch der Werbeslogan in Erinnerung: „Erst einmal entspannen – erst einmal Picon!“ Dieser Satz lässt erkennen, dass die in diesem Likör verwendeten Zutaten eine beruhigende Wirkung haben. Im Elsass findet man noch Picons, die vor einem feinen Essen, aber auch zum Flammkuchen gereicht werden. Man sollte sich etwas Zeit nehmen, um die Aromen wirken zu lassen: Zeit für das Getränk, Zeit zum Zuhören und Zeit für ein Gespräch. Die Franzosen haben entdeckt, dass dieses Beruhigungsgetränk durch die Kombination mit einem milden Bier noch weitere Unterstützung erfährt.

Kombi NOTIZ

Ein milder, malziger Geschmack unterstützt die Kräuteraromen, verlängert deren Würze und begleitet wohlig zum finalen Geschmack. Das Gefühl eines langsamen Herantastens an die kommenden Speisen nimmt dem Alltag jegliche Hektik.

Man gießt etwa 2 cl Picon bzw. einen anderen Kräuterlikör in ein schmales Glas und zapft ein mild-aromatisches Bier darauf. Hier darf es auch einmal ein österreichisches Märzen, etwa das Goldbräu von Stiegl sein. Oder ein helles Lager vom Augustiner (München). Auch halbdunkle Biere wie das Hofstettner Granitbier oder ein Distelhäuser Landbier eignen sich für so eine Mischung. Die Flüssigkeiten vermengen sich zu einem Getränk mit haselnussbrauner Schaumkrone. Will man es etwas auffrischen, kann man noch einen Spritzer Zitronen- oder Orangensaft dazugeben. Wird die Begeisterung durch das Mischen geweckt, ergibt sich eine Unzahl an Möglichkeiten für interessante Aperitifbiere. Man kann auch ein fruchtiges Pils mit Orangenlikör vermengen oder einem dunklen Bier Kirsch- oder Weichsellikör beimengen (Hirter-Morchl-Weichsel). Ein helles Bockbier mit frischer Pfefferminze oben drauf ist nicht nur interessant und erfrischt das Auge, der würzige Geruch lädt mit einem Hauch von kühler Frische ein. Je nach Jahreszeit oder Anlass kann man ein vielfältiges Kombinationsspiel eröffnen. Auch die Mischungsverhältnisse eignen sich für Versuche. Allein die unterschiedlichen Bierstile! Man kann sowohl mit milden, leichten Bieren als auch mit hellen bis dunklen und obendrein mit starken Bieren hervorragende Ergebnisse erzielen. Erlaubt ist, was schmeckt. Die Serviertemperatur differiert nach der Stärke. Optimal sind 8° C. Leichte, fruchtige Picon-Biere können etwas kälter serviert werden (4–6° C).

Martini-Roggen

Einer der ältesten Cocktails der Welt, ursprünglich aus Gin und Wermut gemacht, ist nicht erst durch James Bond bekannt geworden. Man kennt auch den klassischen Kelch, liebevoll „Cocktailpilz" genannt. Gerührt oder geschüttelt war die einzige Frage, obwohl es viele Martini-Rezepte gibt. Sehr oft wird Gin durch Wodka ersetzt und der Anteil an Wermut etwas verringert. Dies löst eine trockene Geschmacksempfindung aus. Ist ein Martini-Cocktail mit Bier ein Stilbruch? Er mag Traditionalisten undenkbar erscheinen, kann aber eine neue Geschmackswelt eröffnen. Versuche mit hellem Weizenbier, Gin, Wermut, Zitronenschalen und Bitterorangen haben schon vor Jahren Martiniliebhaber überrascht. Richtige Begeisterung bringt jedoch die Verwendung von Roggenbier. Das Slow2 von Gerhard Forstner aus Kalsdorf bei Graz eignet sich bestens für diesen eleganten und stilvollen Bieraperitif.

Kombi NOTIZ

Ins Martiniglas gibt man erst einen Spritzer Angostura-Bitter, dann Gin und trockenen Wermut zu gleichen Teilen, füllt mit Roggenbier auf; eine dünne Zitronenschale kommt dazu. Das Umrühren kann man sich sparen, wenn man das Bier mit Schwung ins Glas leert. Der Schaum hält auf der großen Glasoberfläche nicht sehr lange, dafür werden feine, grazile Duftaromen von Kräutern und edlem Malz freigegeben. Die Getreidenote umspielt die Kräuteraromen im Antrunk und liefert eine sehr elegante, brotig-nussige Geschmackswahrnehmung. Im Hintergrund spiegelt eine feine Bittere den ersten Eindruck wider und hinterlässt ein trinkanimierendes Gefühl.

Bierbowlen

Die Aromen von Früchten und Bier gehen unterschiedliche Verbindung ein. Oft sind die daraus resultierenden Geschmacksergebnisse verblüffend.

Bei Empfängen, Begrüßungen und Feiern wird häufig Sekt gereicht, weil „normales" Bier als zu einfach und billig erscheint. Mit Idee und Kenntnis der verwendeten Produkte kann man jedoch feine Bierbowlen zubereiten und damit vielen „Noch-nicht-Biertrinkern" Freude und vor allem ein Aha-Erlebnis bereiten. Szenenwechsel: Das Ausgehverhalten hat sich stark verändert. Frauen beleben die Lokale durch selbstbewusstes Auftreten und neugieriges Suchen nach interessanten Getränken.

Cocktails findet man in Bars, Restaurants und Cafés. Bierbowlen sind eine Bereicherung für jede Getränkekarte und jede Party. Ihre Zubereitung lässt sich mit ein paar Handgriffen relativ einfach an nahezu jedem Ort und auch in kleinen Mengen bewerkstelligen. Voraussetzung für die Wahl des richtigen Biers und der geeigneten Zutaten ist die Kenntnis der Aromabeschaffenheit der eingesetzten Produkte. Verwendet man Früchte, die viel Säure enthalten, sollte man ihren Geschmack mit einem malzbetonten Bier ausgleichen. Sind süße, reife Früchte im Einsatz, kann mit einem körperreichen, schwereren Bier eine Verdeutlichung des Geschmacks erzielt werden.

Bierbowlen müssen frisch zubereitet werden. Mit frischen Früchten erzielt man die besten Ergebnisse. Besonders beliebt: die Altbierbowle. Man gibt Erdbeeren in ein großes Bowlenglas, dazu etwas Zucker, löscht mit Sekt ab. Karl Schiffner hat ein Beerenbowle-Rezept entwickelt: Er verwendet britischen Cider (es kann auch ein guter Most sein), damit werden die Säurearomen betont und die fruchtig-süße Beschaffenheit der Erdbeeren in ein interessantes Aromenspiel verpackt. Das Ganze muss nur ein paar Minuten einwirken. Wichtig ist es, die Früchte kühl zu halten. Erst kurz vor dem Servieren gibt man einige Früchte samt Flüssigkeit ins Glas, gießt mit Altbier auf. Bei Schiffners Rezept hat sich das Schlägl Stifterbier, ein halbdunkles, obergäriges Bier, bewährt. Anstelle der Erdbeeren kann man auch Himbeeren oder Brombeeren verwenden. Schwarze Johannisbeeren, Pfirsiche oder Äpfel bzw. eine Mischung aus verschiedenen Früchten bringen schwungvolle, pfiffige Kreationen.

Als Grundregel gilt: helle Früchte mit hellen Bieren und dunkle Früchte bzw. Beeren mit dunklen Bieren.

Bierpunsch

Punsch kennen wir als wärmendes Wintergetränk mit einer Grundsubstanz aus Wein, Spirituosen und Orangen bzw. Zitronen. Bierpunsch kann jedoch auch als erfrischendes, kühles Sommergetränk hergestellt werden. Auf den meisten Weihnachtsmärkten wird Punsch angeboten, der aus fertigen Mixturen, die überwiegend süß und stark sind, hergestellt wird. Die Begeisterung für vereinzelt angebotene Bier-Heißgetränke hat sich bislang meist in Grenzen gehalten hat. Es ist auch schwierig, sich auf das Erhitzen von Bier einzulassen. Mit etwas Übung lassen sich heiße Bierpunsch-Kreationen mit geringem Spirituosenanteil schaffen, die recht bekömmlich sind. Die wohltuende Wirkung (und die vorbeugende Maßnahme gegen Erkältung) kann noch verstärkt werden, wenn man Honig zum Süßen verwendet. Als geeignete Biere gelten helle oder auch dunkle Bockbiere, starke Festbiere, Märzenbiere und dunkle Biere. Für einen hohen Trinkgenuss nimmt man als Spirituose einen Bierbrand bzw. Bockbierbrand. Zum Würzen kann man Zimt und Nelke, aber auch Koriander, Orangenschalen, Zitronensaft, Kirschsaft oder schwarzen Johannisbeersaft verwenden.

Bierwissen

Bei der Verwendung von Bier darf der Punsch nicht mehr allzu heiß im Topf köcheln. Intensives Erhitzen lässt die Bitterstoffe des Hopfens deutlicher hervortreten. Dadurch entsteht ein gallig-bitterer, unangenehmer Geschmack. Kurzes Erhitzen auf ca. 70 °C bringt eine runde, mollige Konsistenz mit fülligem Aroma.

Neben dem heißen Bierpunsch findet auch der frische, kühlende Bierpunsch immer mehr Freunde. Hier mischt man braunen Zucker, Zitronensaft und Bockbierbrand mit Eis im Shaker und gießt mit einem kühlen Spezial- bzw. Exportbier (Augustiner Edelstoff bewährt sich bestens) auf. Eine dünne Spirale aus einer Zitronenschale als Garnitur erfreut Nase und Auge.

Dritte Möglichkeit: der alkoholfreie Bierpunsch. Man besorgt sich helles oder Karamellmalz, zerstößt es im Mörser, bringt es im Wasser langsam zum Kochen. Durch ein Sieb gegossen, erhält man daraus einen süßlich schmeckenden Malztrunk, den man noch etwas einreduziert. Mit Gewürznelke, Zimt und Honig würzen, etwas Orangen- und Zitronensaft dazugeben und fertig ist ein fruchtig-süßer Malztrunk, der auch beim Kindergeburtstag verkostet werden darf.

Luxus-Radler

Das bekannteste Biermixgetränk ist die „Radler-Maß“. Sie wurde von Franz Xaver Kugler, dem Pächter einer Gastwirtschaft in Deisenhofen (südlich von München) erfunden. Er arbeitete auch als Gleisarbeiter am Ausbau der Bahnstrecke München-Holzkirchen mit und bewirtschaftete nebenbei seine Kugler-Alm. Einst, an einem heißen Julitag, stürmten dreizehntausend (!) Radfahrer seine Gastwirtschaft. Da er nicht so viel Bier vorrätig hatte, schüttete er Zitronenlimonade in die Maßkrüge und verkaufte die Mischung als Radler-Maß. Die durch weniger Alkohol für Radfahrer günstige Variante fand großen Anklang – der Beginn einer langen Erfolgsgeschichte. (Eine ausführliche Reportage von Sepp Wejwar dazu ist in Stiegl's Genussmagazin erschienen. Diese Zeitschrift, die sich vor allem an Großkunden und Gastronomen richtet, kann auch von Bierinteressenten gratis bei Stiegl bestellt werden.)

In Bayern ist auch die „Russn-Maß“ ein Begriff. Sie entstand in der Novemberrevolution von 1918 im Münchner Mathäser-Keller, wo sich die kommunistischen Anhänger trafen. Wahrscheinlich ist ihnen dort das Weizenbier ausgegangen oder sie wollten durch Zuführen von Zitronenlimonade den Alkoholgehalt senken. In den achtziger Jahren war Pils mit Sekt ein Kultgetränk, das in vielen Bars und

Cafés ausgeschenkt wurde. Die Kombination von Pils und Sekt ist in Teilen Deutschlands auch als „Herrengedeck" oder „Charlottenburger Pils" bekannt.

Kombi NOTIZ

Beim Luxusradler ist auf Spritzigkeit zu achten. Für die Kombination eignen sich am besten Pilsbiere mit einer angenehm herben, kühlen Frische. Das Pils wird zuerst ins Sektglas geleert, dann vorsichtig mit Sekt ergänzt. Der hefige Geruch des Sekts und die spitzen Hopfenaromen des Pilsbiers vereinen sich zu einem schönen Duft. Ein prickelndes Anfangsgefühl wird durch volles Aroma abgelöst. Fein moussierende Kohlensäure wirkt reinigend auf die Geschmacksknospen und kann so ein befreiendes Gefühl für weitere kulinarische Geschmackserlebnisse erzeugen.

Bismarck bzw. Black Velvet

Im gleichen Mischungsverhältnis 1:1 wie beim Pils mit Sekt wird hier dunkles Bier oder Stout, vorzugsweise Guinness, mit Sekt gemischt. Ein auffallend cremiger, haselnussbrauner Schaum liegt elegant über einer samtig-schwarzen, dunklen Flüssigkeit. Der Anfangsduft zeigt fruchtig-weinige Töne, dann vernimmt man den Duft von Röstmalz. Im Mund spürt man Weichheit und den Geschmack von Säure und Kaffee. Die richtige Getränkeempfehlung vor Sushi.

Geuze, Kriek, Framboise

Beim Genuss von Lambic sollte man auf die Erfahrung eines Biersommeliers vertrauen, der Umgang mit solchen Bieren hat. Eine Vorbereitung der Konsumenten ist unerlässlich. Ist man aber auf so ein Bierabenteuer richtig eingestimmt, wird sich der sensorische Eindruck richtiggehend „ins Hirn einbrennen". Lambic-Biere sind sehr bekömmlich. Viele Sorten werden in Champagnerflaschen abgefüllt. Allein das lässt Schlüsse auf ein hochwertiges Produkt zu. Man serviert Lambic eher kühl in schlanken Gläsern, wenn es als Aperitif gereicht wird. Nach dem Essen macht der Genuss von Lambic aus dem edlen Bierpokal Freude.

Belgische **Lambic-Biere** sind spontan vergorene Biere. Für ihre Herstellung wird keine Reinzuchthefe dazugegeben. Die Würze wird mittels Hefen, die in der Luft vorkommen, vergoren. Das Bier wird ein Jahr in Eichenfässern gelagert und dann mit jungem, frischem Kräusebier (angegorenes Bier) vermengt; später wird es für ein weiteres Jahr in ein Eichenfass gelegt. Im zweiten Jahr wird das Bier entweder mit frischen Krieken (Sauerkirschen) oder Himbeeren versetzt. Bei Kriek und Framboise werden die Früchte in Drahtkörben in das vergorene Bier gehängt. Der Fruchtanteil erreicht bei einigen Brauereien 20-25 %. Das vergorene Bier samt dem schon entstandenen Alkohol löst Farbstoffe, Zucker- und Säureteile aus den Früchten, bindet sie in das Bier ein. Diese Kombination von Süße und Säure findet sich beim Verkosten so einer Spezialität wieder. Mit der Zugabe von Früchten gelangen auch Bakterien in die Würze, das kann kein Braumeister verhindern. Die Folge: Solche Biere erinnern an Most. Der hohe Fruchtanteil und die Hopfengabe kompensieren die Fehlgeschmäcker. Sie fallen zwar deutlich aus, werden aber durch die Kontraste beim Verkosten kaum wahrgenommen. Ein Verschnitt unterschiedlicher Lambicjahrgänge (ohne Fruchtzugabe) wird als Geuze (auch Gueuze; sprich „gò:z") bezeichnet. Diese Biere werden lange gereift. Um Geuze-Biere für eine lange Zeit haltbar zu machen, wird viel Hopfen zugegeben. Nach etwa dreijähriger Reifezeit wird dem Bier noch einmal frisch gebrautes Lambic zugeführt. Die Gärung setzt erneut ein, das Bier bekommt seine typische feine Perlage. In der Flasche reift es noch ein paar Monate weiter, bevor es verkauft wird. Geuze Biere haben ein Lagerpotential von einigen Jahrzehnten!

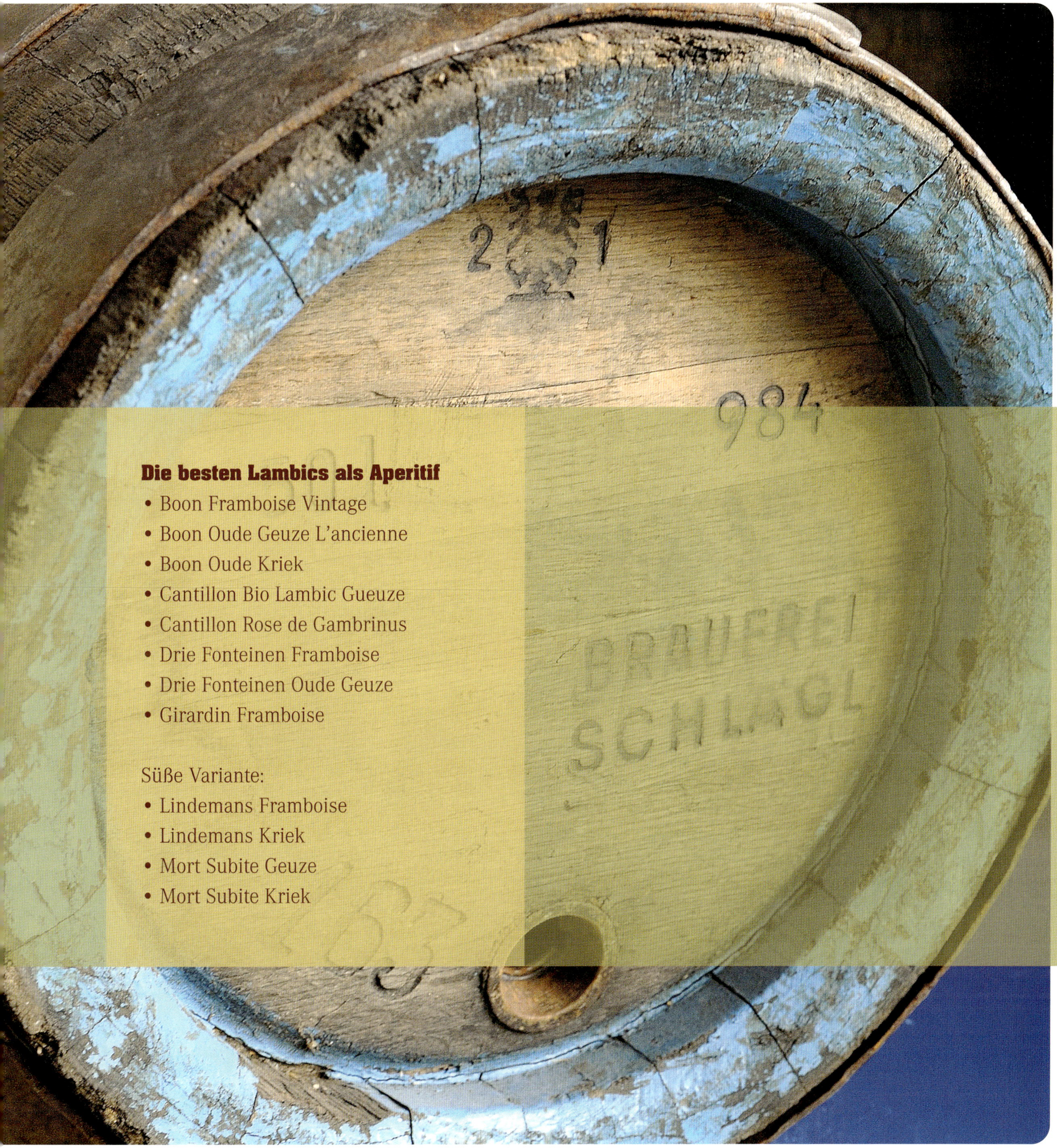

Die besten Lambics als Aperitif

- Boon Framboise Vintage
- Boon Oude Geuze L'ancienne
- Boon Oude Kriek
- Cantillon Bio Lambic Gueuze
- Cantillon Rose de Gambrinus
- Drie Fonteinen Framboise
- Drie Fonteinen Oude Geuze
- Girardin Framboise

Süße Variante:

- Lindemans Framboise
- Lindemans Kriek
- Mort Subite Geuze
- Mort Subite Kriek

Suppen und Bier

Suppen führen dem Körper Flüssigkeit und Nährstoffe zu. Gute Suppen waren früher dickflüssig, sie wurden mit eingebrockten Brotstücken verzehrt. In der Volksmedizin und als Nahrungsmittel für den Alltag haben Suppen noch immer große Bedeutung. Heute werden Suppen als Eröffnung für Menüs eingesetzt.

Jeder kennt das wärmende Gefühl, wenn man in der kalten Jahreszeit eine heiße Suppe zu sich nimmt. Die Durchblutung wird in Gang gesetzt, das Wärmegefühl entsteht von innen heraus. Suppenessenzen aktivieren die Drüsentätigkeit und regen den Appetit an. Isst man an Hitzetagen eine gute Suppe (nicht zu heiß!), reguliert sie das Temperaturempfinden.

Die Kombination von Bier mit gebundenen und feinen Cremesuppen bringt wahre Gaumenfreuden hervor. Hier beeindruckt die Zusammenführung der Aromen, die nur bei bewusstem Essen wahrgenommen wird.

Bier und Suppe richtig gemeinsam verkosten

Man kostet zuerst das Bier und prägt sich seinen Geschmack ein. Dann beginnt man die Suppe zu verspeisen, bemerkt die angenehme Vorbereitung der Geschmacksknospen im Mund, welche das Bier bewirkt hat. Anschließend unterbricht man das Essen, nimmt einen Schluck Bier. Spätestens jetzt versteht der Genießer, dass Bier- und Speisenaromen eine Verbindung eingehen, die zu einem ganzheitlichen Genuss führen.

Auch klare Suppen können – in Kombination mit dem richtig gewählten Bierstil – geschmacklich überzeugen. Die Auswahl des Biers hängt meist von der Suppeneinlage ab. Je nachdem, ob sie aus Fleisch oder Teigware besteht, können klare Suppen von milden, hellen Bieren optimal begleitet werden. Auch leichte oder alkoholfreie Biere können hier Freude machen. Für eine Rindsuppe mit den berühmten österreichischen Grießnockerln, wirkt ein böhmisches Pils als standhafter Partner. Die folgenden Biere wurden auch deshalb ausgewählt, weil sie bei den Gästen des Biergasthauses überraschende Genussmomente erzeugt haben.

Spargelcremesuppe – König Ludwig helles Hefeweizen (DE)

Weizenbier ist universell für die Kombination mit Speisen einsetzbar. Die fruchtig-estrigen Töne des Weißbiers verbinden sich mit den fein-eleganten Aromen der Spargelsuppe zu einem Festmahl.

Warum wird Weizenbier auch Weißbier genannt?

Die Frage erscheint noch logischer, wenn man sich ein dunkles Weißbier vor Augen führt. Selten bekommt man eine plausible Erklärung. In Weizenbier muss auch Weizenmalz (laut Gesetz 50 %) enthalten sein. Dass dieser Biertyp auch Weißbier genannt wird, liegt am sogenannten „Ausweißen“. Die Würze liegt in einem offenen Gärbottich, wartet darauf die Hefe zu empfangen. Bei Weißbier werden obergärige Hefezellen bei warmer Temperatur, in die Würze gegeben. Die Gärung beginnt relativ rasch, es entwickelt sich ein Schaumgebirge, das über den Rand des Bottichs „ausweißt“. Daher der Name Weißbier.

Das König Ludwig Weißbier – ein Bier „von königlicher Hoheit“ – geht auf das bayerische Königshaus zurück. Das Haus Wittelsbach braut bereits seit 1260 und hat die Braukunst in Bayern wesentlich geprägt. Die Königsfamilie hatte die alleinigen Rechte zum Brauen von Weißbier. Nach einer wechselvollen Geschichte mit einem über 200 Jahre andauernden Weißbiermonopol sind die Wittelsbacher seit 1955 wieder im Besitz der Brauerei. Seit 2001 besteht eine Partnerschaft mit der Warsteiner Gruppe.

Leuchtendes Goldgelb mit gleichmäßiger Trübung, darüber eine üppig weiße Schaumkrone. Wirkt königlich. Die Nase ist voll von Gewürznelken, Bananen- und Zitrustönen. Ein sehr frischer Antrunk, der die vorderen Zungenränder kühl umspült, setzt sich geschmeidig fort, präsentiert ein knackiges Finale mit herbem Eindruck. Diese Schlussempfindung eröffnet einen geschmacklichen Reigen beim Eintreffen der Spargelsuppe im Mund. Die Verbindung der Aromen von Bier und Suppe führt zu einem langsamen Herantasten mit zunehmend festem Halt und einem ganzheitlichen Genussmoment.

Kürbiscremesuppe – Hofstettner Kürbisbier (AT)

Die gleichzeitige Verfügbarkeit aber auch die Unterschiedlichkeit einer heißen Cremesuppe und einem kühlen Bier mit gleichem Inhaltsstoff geben Anreiz genug, diese geschmackliche Verbindung zu probieren. Die Kürbiscremesuppe bietet ein eigenständiges Geschmackserlebnis, besonders wenn man sie mit Kürbiskernöl noch verfeinert. Die Fruchtigkeit wird dadurch mit einem knackigen Nusston umgeben.

Mit Kürbisbier kombiniert, erfährt der Geschmack der Suppe eine weitere Komponente. Ein fruchtiger, zartschmelzender Malzton, umgeben von würzigen Teilen, schafft eine kühlende Frische im Mund, welche die schweren Würzeanteile der Suppe in Bewegung bringt. Ein Auf und Ab der Geschmacksempfindung lässt sowohl das Bier als auch die Suppe in anderem Licht erscheinen.

Wie und warum gelangt Kürbis ins Bier? Etwa 3 % Kürbissaft aus gepressten reifen Muskatkürbissen verleiht dem

Bier eine andere Geschmacksrichtung. Der Zucker aus dem Kürbissaft vergärt gemeinsam mit dem Bier, das führt zu einem intensiveren Geschmack mit zartherbem Ende.

Brillantes, sattes Gelb. Der Duft ist angenehm fruchtig, das kommt aber nicht vom Kürbis, sondern von der obergärigen Hefe. Ein Bier, das es nur im Herbst gibt und das im „Bierviertel" bereits viele Freunde gefunden hat. Besucht man die innovative und kreative Brauerei Hofstetten in St. Martin im Mühlkreis (eine der ältesten Privatbrauereien Österreichs, sie braut seit dem Jahr 1239 Bier), lernt man die Philosophie eines „Bieroniers" kennen. Peter Krammer hat die Brauerei von seinem Vater übernommen und eine eigenständige Strategie für die Fortführung dieser kleinen Brauerei mit ca. 5.500 hl Ausstoß entwickelt. Zahlreiche, exzellente Biere, die sich allesamt vom allgemeinen Geschmackstrend deutlich abheben, haben nicht nur die Bierlandschaft des Bierviertels (vormals Mühlviertel) geprägt. Einige dieser Spezialitäten werden mittlerweile bis nach Amerika exportiert und begeistern weltweit Bierfreunde.

Geselchte Rahmsuppe –
Schlenkerla Rauchmärzen (DE)

Ein geschmackliches Abenteuer der besonderen Art entsteht beim ersten Schluck von der berühmten Bamberger Bierspezialität. Wer vorher noch nie einen so intensiven Rauchton vernommen hat, ist entweder begeistert oder so schockiert, dass er diesem Bier keine zweite Chance einräumt. Geschmacksnerven können sich an die deutlichen Raucharomen gewöhnen. Entweder man mag es ohnehin oder man freundet sich mit diesem Geschmack mittels einer dazu passenden Speise an.

„Geselcht" ist der österreichische Begriff für „geräuchert". Die Suppe ist ein traditionelles Gericht aus dem „Bierviertel". Suppen waren früher oft die einzige warme Mahlzeit am Tag, wurden deshalb oft deftig zubereitet. Die Basis für eine geselchte Suppe ist der Fleischsud. Darin gekochtes Geselchtes (Selchfleisch, Rauchfleisch) gibt ein dezentes Raucharoma preis. Man verfeinert den Geschmack mit Wurzelgemüse und Rahm. Schlenkerla Rauchmärzen ist bei Bierverkostungen ein beliebtes Bier. Es ist auch für Vegetarier geeignet. Man schmunzelt über den Hinweis, dass sie dank dieses

Biers auch einmal in den Genuss eines „Geselchten“ kommen.

Man bekommt auch Rauchgeschmack in eine Suppe indem man Rauchmalz schrotet, langsam aufkocht und das als Basis für die Weiterverarbeitung verwendet. Deftiger wird es allerdings mit geselchtem Fleisch. Schlenkerla Rauchmalz erhält sein Aroma vom Buchenholzfeuer. Ein würziger, intensiv duftender Rauch zieht übers Malz, festigt sich dort.

Kombi NOTIZ

Dieses Bier spürt man mit allen Sinnen. Die Farbe ist dunkelbraun, die Schaumkrone erinnert an eine Haselnuss. Ein frischer Rauchduft zieht in die Nase, löst einen Film im Gehirn aus: „Wo brennt's?“ Dann tauchen Malzaromen auf, paaren sich mit den Rauchnoten. Am Gaumen karamellige Süße und zarte Bitterkeit, bevor das Rauchmärzen trocken ausklingt. Man braucht noch ein paar Schlucke, um dieses Bier zu verstehen. Jetzt ist der Zeitpunkt für die Suppe gekommen. Man isst, staunt über die Harmonie. Das Spiel geht weiter, die Überraschung ist perfekt. Das Bier fügt sich der Suppe, der Rauchgeschmack wird als angenehm, nicht mehr so hart, gespürt.

Mango-Curry-Suppe – Punk IPA BrewDog (SCO)

Die schottische Brauerei BrewDog in Fraserburgh gibt es erst seit dem Jahr 2006. Der erste Sud wurde im April 2007 gebraut. Schottlands derzeit größte unabhängige Brauerei produziert ca. 120.000 Flaschen pro Monat, die in die ganze Welt exportiert werden. Seit August 2008 gibt es diese Bierspezialitäten auch im Biergasthaus Schiffner. Die Experimentierfreudigkeit der schottischen Brauer wird dort mit spektakulären Speisenkombinationen fortgesetzt.

Der Bierstil **India Pale Ale** stammt aus dem 17. Jahrhundert und wurde aus hellem Malz gebraut, das durch Koksbefeuerung kein Raucharoma hatte. IPAs waren für eine längere Lagerung bestimmt. Sie wurden deshalb mit viel Hopfen gewürzt und mit höherer Stammwürze eingebraut. Der Vergärungsgrad lag früher nicht ganz so hoch, Restzuckermengen hielten das Bier stabil. Die Lagerung im Keller betrug oft mehr als zwei Jahre. Das Oktoberbier der George Hodgson's Brewery gilt weltweit als das erste India Pale Ale. Es wurde per Schiff an die East India Company geliefert. Das Bier hat die viermonatige Schiffsreise um die Südspitze Afrikas bis nach Indien ausgehalten und ist in dieser Zeit am Schiff so gut gereift, als wäre es zwei Jahre im Keller gewesen. Es war wohl Zufall, dass das Bier nach der langen Reise in erstklassigem Zustand dort angekommen ist.

Kombi NOTIZ

Das BrewDog Punk IPA ist ein fantastisches India Pale Ale. Schon im Aussehen präsentiert es sich auffallend glänzend – wie Weißgold. Tropische, fruchtige Aromen von Litschi, Kiwi und Passionsfrucht dominieren den ersten Eindruck. Eine sehr bissige Bittere zeigt, dass es sich hier um nichts Mildes handelt. Die leichte Karamellsüße versucht die Bittere zu verdrängen, was aber nicht gelingt. Das Finale zeigt sich aggressiv mit einer Entladung harziger Töne, die vom neuseeländischen Hopfen stammen. Ein scharfer, bitterer Abgang beendet die moderne Gestaltung eines klassischen Bierstils. Wenn man nun glaubt, mit der würzigen Mango-Curry-Suppe einen Aromenausgleich zu schaffen, dann wird man eines anderen belehrt. Die Aromenintensität wird unterstützt, präsentiert sich auf eine andere Art. Fruchtige Aromen gestalten sich zu würzig-pfeffrigen und die Schärfe wird in ein exotisches Kleid gepackt.

Karotten-Ingwer-Suppe – Meantime Pale Ale (ENG)

Eine aufstrebende Brauerei in London/Greenwich ist die Meantime Brewery, gegründet im Jahr 2000 von Alastair Hook. Er strebt danach, vergessene britische Bierstile neu zu beleben, konzentriert sich auf hohe Qualität. Das Pale Ale wird mit einer Mischung aus amerikanischen und britischen Hopfensorten gewürzt und hat schon viele Auszeichnungen bekommen.

Ein **Pale Ale** ist ein obergäriges mit Ale-Hefe vergorenes helles Bier. Ales unterscheiden sich in der Farbe (pale, amber, red, brown, golden, dark) und in der Stärke (bitter und strong) oder nach der Herkunft (American Pale Ale, English Pale Ale). Dieser Bierstil hat sich auch in vielen anderen Ländern verbreitet. Sehr beliebt unter Bierexperten sind die American Pale Ales. Amerikanische Aromahopfensorten haben

eine deutlich erkennbare Duftnote von exotischen Früchten. Eine beliebte Hopfensorte heißt Cascade. Pale Ales sind vom Alkoholgehalt etwas leichter, besitzen einen kräftig aromatischen Hopfengeschmack, der den Bittereindruck in Grenzen hält.

Kombi NOTIZ

Goldorange leuchtende Farbe, darauf ein üppiger weißer Schaum, eine fruchtige Nase mit dominantem Orangenduft. Der Antrunk ist sehr erfrischend. Ein mittlerer Körper mit feinem Malzboden wird von einer fruchtig-trockenen Hopfenbittere finalisiert. Britischer Goldings, US-amerikanischer Cascade und Willamette Hopfen verleihen diesem Pale Ale ein verlockendes Aroma. Es ist angenehm weich zu trinken. Mit der cremigen Karottensuppe, die eine exzellente pikante Note von Ingwer in sich birgt, kann das Pale Ale eine Geschmacksergänzung bieten. Genießt man Speise und Bier nacheinander, verstärkt sich die Wahrnehmung der Frucht- und Würzeteile.

Rote-Rüben-Suppe mit Krennockerl – Schlägl Fastenbier mit Galgantwürzung (AT)

Fastenbier ist üblicherweise stark. Für die vorweihnachtliche oder vorösterliche Zeit wurden von Klöstern spezielle Biere eingebraut. Das Fastenbier hatte den Zweck, die Wirkung des Essverbotes während der Fastenzeit zu mildern. „Liquida non frangunt ieiunum." – Flüssiges bricht das Fasten nicht. Man hat sich Nährstoffe flüssig zugeführt, indem man starkes, nahrhaftes Biere trank. Wegen seines Gehalts wurde es auch „flüssiges Brot" genannt. Heute wird der Trend zur bewussten Nahrungsaufnahme immer stärker. Es liegt also nahe, für das heutige Fasten ein der Zeit angepasstes Bier einzubrauen. Die Stiftsbrauerei Schlägl braut seit dem Jahr 2008 für die vorösterliche Zeit ein Fastenbier mit weniger Alkohol und einer Reihe von Kräutern.

Schon im Mittelalter hat man dem Bier **Kräuter** beigemengt. Man dachte durch diese Kräuter entstehe der „Geist des Biers". Oft wurden auch Zugaben beigefügt, die nur einmaligen (im Wortsinn) Biergenuss zuließen. Zum Beispiel wenn man Tollkirsche untergerührt hat. Das Mittelalter war das Zeitalter der Giftmischer. Man versteht die Bedeutung von Reinheitsgeboten. Heute werden nur gute Rohstoffe zum Bierbrauen verwendet.

Das leichte Fastenbier der Stiftsbrauerei Schlägl gibt es nur vor Ostern. Vom Fass wird es nur im Kneippkurhaus der Marienschwestern in Bad Mühllacken und in der örtlichen Gastronomie rund um Schlägl ausgeschenkt. Stiftsbraumeister Reinhard Bayer verwendet zur Herstellung Galgant. Es stärkt das Herz, wirkt krampf- und entzündungshemmend, reguliert die Verdauung. Wenn es dann auch noch schmeckt, warum gibt es das nicht das ganze Jahr? Für einen Biertrinker, der meist nur Helles, Märzen oder Pils trinkt, ist der

Kräutergeschmack im Bier gewöhnungsbedürftig. Wird dazu aber das geeignete Essen serviert, erkennt man, dass gesund auch gut schmecken kann.

Kombi NOTIZ Rote Rübe (Rote Beete) fällt schon bei der Verarbeitung durch die kräftige, dichte Farbe auf. Sie hat einen hohen Vitamin-B-, Mineralstoff- und Folsäuregehalt. Die Verarbeitung zu einer schmackhaften Cremesuppe mit Krennockerl (Kren = Meerrettich) ist für viele Köche eine Herausforderung. Der erdige Geschmack sollte nicht zu dominant bleiben. Verbindet man die würzig-kräftigen Aromen der Suppe mit den süßlich-pikanten Aromen des Kräuterbiers, findet sich eine Harmonie, die ihresgleichen sucht. Wird anfangs eine kühlende Frische wahrgenommen, entsteht zunehmend ein wohliges Wärmegefühl. Die Beschleunigung des Stoffwechselkreislaufes ist ein willkommener Fasteneffekt.

Geflügelconsommé mit Pilztascherl – Unertl dunkles Weizen (DE)

Die Consommé wirkt nach Krankheit aufbauend. Sie ist aber auch ein feines Gericht. Eine kräftige Geflügelsuppe, gut abgeklärt, besticht durch außergewöhnlich gelbe Farbe und durch markanten Duft nach Gewürzen und Hühnerfleisch. Ein Pilztascherl ergänzt den Geschmack. Nudelteig wird mit gehackten Pilzen und Schalotten gefüllt und in Salzwasser gekocht. Pilz- und Geflügelaromen ergeben eine feine, harmonische Kombination. Jetzt der Kick: Das meisterliche dunkle Hefeweizen der Brauerei Unertl aus Mühldorf am Inn bringt eine Sensation.

Kombi NOTIZ Bernsteinfarbenes Hefeweizen mit gleichmäßig trüber Farbe und einem beigen, üppigen Schaumpolster. Edle Optik. Die Nase ist voll von fruchtiger Banane, etwas Brot und dezenten Röstnoten. Eine angenehme Kohlensäure wirkt erfrischend, setzt die Fruchtaromen in Szene. Die dezent süße Aromastruktur mit filigranen Getreidenoten und fein balancierter Hopfenbittere sorgt für eine gute „Süffigkeit". Der Reigen an Geschmackseindrücken von Bier und Suppe samt Einlage bietet ein wunderbares Gesamtgefüge, das nicht nur Biertrinker ins Schwärmen bringt.

Bärlauchcremesuppe – Abbay des Rocs Blanche des Honelles (BE)

Weizenbier reicht vom Alkoholfreien bis zum Weizen-Doppelbock. Dazwischen bietet es eine Vielzahl an Gestaltungsmöglichkeiten. Dennoch wird in Restaurants höchstens hell oder dunkel angeboten. Man stelle sich einmal das Weinangebot in einem Gourmettempel so vor: „Wollen Sie den Roten oder den Weißen?" Es wäre dringend an der Zeit aufzuzeigen, wie unterschiedliche Bierstile (und ihr optimaler Einsatz) der Genusswelt neue, große Möglichkeiten schaffen.

Das Blanche des Honelles ist ein belgisches Weißbier, eigentlich ein „double wit", ein Doppelweizen. Es verlässt den Hauptstrom der Weizenbiere.

Kombi NOTIZ Die dichte, goldgelbe Farbe entspricht noch dem traditionellen Erscheinungsbild. Der Schaum liegt wie eine dicke Creme auf dem Bier. Ein Hauch von Grapefruit erhebt sich darüber, lässt dahinter eine würzige Malznote in der Nase erkennen. Zuerst öffnet sich eine pfeffrig-würzige Hopfennote, dann ein feiner Malzkörper mit cremigem Mundgefühl. Die drei verwendeten Getreidesorten Gerste, Weizen und Hafer erwecken einen ruhigen aber erfrischenden Eindruck. Eine trockene Schärfe mit pfeffrigem Hintergrund verbleibt. Die Würzigkeit des Biers ermöglicht die Kombination mit der ebenfalls würzigen Bärlauchcremesuppe. Der frische Lauch wird erst kurz vor dem Servieren als Pesto in die Cremesuppe gegeben, das erhält nicht nur die frische grüne Farbe, sondern auch das intensive Aroma.

Knoblauchrahmsuppe – Hirter Morchl (AT)

Ein Klassiker unter den Suppen (Sauerrahm = saure Sahne). Früher wurde Knoblauch in der feinen Küche oft gemieden. Knoblauch wirkt antibakteriell, man sagt ihm nach, dass er die Blutfettwerte senkt. Um die geschmackliche Intensität der Knolle etwas zu bremsen, ist es hilfreich, das geeignete Bier dazu zu trinken. Ein dunkles Bier mit schlankem Körper und zartbitterer Note! Die Würze der Suppe und die Bittere des Biers stehen in Einklang. (Dieses Bier kann durchaus auch mit vielen anderen würzigen Speisen eine gelungene Kombination ergeben. Ein typisch österreichisches Gericht wäre ein Vanillerostbraten.)

Kombi NOTIZ

Hirter Morchl präsentiert sich mit einer sehr dunklen, braunen Farbe, die vom Braumalz stammt. Ein hellbrauner, stabiler Schaum krönt die Bierspezialität aus Kärnten. Dunkles Beerenaroma liegt über einer Fülle von Malzaromen und Karamell. Es beginnt angenehm schlank und baut sein malzbetontes Aroma mit graziler Röstbittere immer weiter aus. Schokoladearomen, unterlegt von einer zarten Bitterkeit, tauchen auf und enden in einem kräuteraromatischen Würzefinale.

Gebundene Gemüsesuppe – Apostelbräu Dinkelbier (DE)

Gartenfrisches Gemüse sollte Vorrang haben. Verfeinerung mit frischen (!) Kräutern. Nicht zu stark würzen, damit der Gemüsegeschmack noch gut herauszuspüren ist. (Gemüsearomen können übrigens auch im Bier vorkommen, das wäre jedoch ein Bierfehler!) Variationen: Tomaten-, Karfiol- (Blumenkohl) oder Kohlrabisuppe.

Die gebundene Gemüsesuppe wird von einem Dinkelbier aus dem Apostelbräu im Bayerischen Wald (liebevoll als „Bierischer Wald" bezeichnet) bestens unterstützt. Die Hausbrauerei Apostelbräu in Hauzenberg braute im Jahr 1990 das erste Dinkelbier. Dinkel, ein Verwandter des heutigen Weizens, hat einen hohen Proteingehalt. Seine geschmackliche Prägung ist nicht so intensiv, das macht sich auch beim Ergebnis bemerkbar.

Kombi NOTIZ

Das Bier fällt mit seiner trüben, gelborangen Farbe auf. Obenauf ein weißer Schaumpolster. Duftige Bananenfrucht mit vegetabilen Noten, danach prägt der Malzduft das Geschehen. Der Geschmack ist sauber, der Körper schön, weich und von einer sanften Bittere umgarnt. Für ein tieferes Empfinden der Aromen hilft das vorherige Essen der Suppe. Sind die Geschmacksknospen mit den Gemüsearomen beschäftigt, trinkt man etwas Dinkelbier nach und spürt, wie die Intensität auf zwei Ebenen sich weiter fortbewegt. Ein gelungener Deal.

Vegetarisches, Pasta und Bier

Wir richten dieses Kapitel nicht nur an Menschen, die aus einer bestimmten Haltung auf etwas verzichten. Wir richten es an alle, die bereit sind, Bier mit besonderer Aufmerksamkeit anzunehmen.

Manche Marketing„experten" glauben, dass der Preis bei der Kaufentscheidung die Hauptrolle spielt. Kein Wunder, dass viele Brauereien den Preiskampf suchen. Das Produkt selbst tritt in den Hintergrund. Nur wenige Bierverkäufer können ihr Produkt richtig beschreiben, über die verwendeten Rohstoffe und die Produktion haben sie kaum Kenntnis. Trends beeinflussen das Konsumverhalten. Über die neuen Medien gelangen Nachrichten in kurzer Zeit an viele Nutzer. Schenkt man den Trendforschern Glauben, so wird die Nachfrage nach vegetarischen Gerichten in den nächsten Jahren stark steigen. Bewusstes, gesundes Essen liegt voll im Trend. Wissen das auch die Bierbrauer? Einige haben in jüngster Zeit neue Produkte auf den Markt gebracht. Darunter auch etliche Bio-Biere. Bei den meisten hält sich der Verkaufserfolg noch in Grenzen. Zum Markterfolg gehören eben mehr Ingredienzien als eine neue Rezeptur und ein „Mascherl" (= Schleife). Man muss auf die Konsumenten hören, „über den Tellerrand schauen" und den Mut haben das zu tun, wovon man überzeugt ist. Es ist keine leichte Aufgabe, Trends mit Bieren zu beleben und die neuen Produkte mit der richtigen Optik auszustatten. Für die Konsumenten wird es spannend, wenn Brauereien Möglichkeiten finden, ihr Bier gut in Szene zu setzen, wenn sie die richtigen Speisen dazu finden, wenn sie ihren Kunden das geeignete Ritual vermitteln können. Gut durchdachte Konzepte werden von den Kunden multipliziert.

Gnocchi mit Schafkäse gratiniert – Riegele Commerzienrat (DE)

Wenn ein Bier so viele Auszeichnungen bekommt, dann muss es gut sein. Der Medaillenspiegel der Brauerei Riegele ist einzigartig: 6 x European Beerstar, 3 x Bundesehrenpreis Deutschland, 3 x Stockholmer Beer Festival und 1 x Bier des Jahrzehnts vom Bierclub Deutschland und seinen 6.000 Mitgliedern. Beide Autoren dieses Buches sind mit dem Brauhaus Riegele in Augsburg bzw. seinem Besitzer Sebastian Priller gut befreundet. Priller wurde bei der ersten Biersommelier-Weltmeisterschaft (April 2009 in Sonthofen im Oberallgäu) Vizeweltmeister. In seiner Brauerei hat Karl Schiffner, gemeinsam mit Riegele-Braumeister Frank Müller, den Weltmeistersud gebraut. Schiffner hielt auch die Laudatio anlässlich der Kür des „Commerzienrat Riegele" zum Bier des Jahrzehnts. Für Sepp Wejwar schreibt Priller die Kolumne „Der Querdenker" im deutschen bier.pur.

„Spelze" heißt die Schale des Malzkornes, in ihr sitzen bittere Gerbstoffe. Die Spelze wird beim Schroten (zerkleinern) des Malzes getrennt und kommt nicht in die Maische. Dadurch bekommt das Bier einen milden Malzgeschmack. Für die Herstellung des Commerzienrats werden Spelzentrennung und ein aus alten Zeiten überliefertes Schrotmaischverfahren angewendet.

Kombi NOTIZ

Die Farbe des Biers ist ein glänzendes Goldgelb, der Geruch nach grünem Hopfen erinnert an Wiesenblumen. Am Gaumen fließt der milde Malzgeschmack, ummantelt von feinen, floralen Tönen, unkompliziert und sehr sauber dahin. Ein angenehmes Mundgefühl bleibt, bringt die Geschmackspapillen in Lauerstellung. Ein Bier, das mit vielen Speisen kombiniert werden kann. Der Kartoffelgeschmack der Gnocchi und die salzig-würzigen Aromen des gratinierten Schafkäses werden von den milden Malzaromen des Biers weiter veredelt. Hier darf auch einmal ein größerer Schluck genommen werden und das Aromenspiel beginnt von vorne.

Spinatknödel auf Tomaten-Oliven-Ragout – Mühlen Kölsch (DE)

Es muss nicht immer ein „halver Hahn" sein, den man zum Kölsch verspeist. Ein „halver Hahn" hat nichts mit Geflügel zu tun. Es handelt sich dabei vielmehr um ein Roggenbrot mit mittelaltem Gouda und Senf.

Kölsch ist ein obergäriges, helles, filtriertes Vollbier mit hopfenbetontem Geschmack. In der Kölsch-Konvention von 1985 ist genau geregelt, wann sich ein Bier „Kölsch" nennen darf. Das Bier muss in Köln hergestellt werden (ausgenommen sind Brauereien außerhalb von Köln, die schon vor der Konvention die Bezeichnung Kölsch verwendet haben). Dieser Bierstil wird auch außerhalb Deutschlands gebraut. Man findet Kölsch-Biere in den USA, Kanada, Japan, der Türkei und der Schweiz. Auch im Süden Brasiliens – dort gibt es das „Eisenbahn-Kölsch". Die Geschichte des Kölsch reicht bis zum Jahr 873 zurück. Heute trinkt man es aus schmalen, zylindrischen Gläsern die 0,2 l fassen. Das Kölsch im 0,1 l-Glas, das in Köln liebevoll „Stößchen" genannt wird, gilt als Damenbier. Der „Köbes", so wird der Kellner (im steirischen Dialekt auch „Köllner") in den kölschen Brauschenken genannt, hat durch die kleinen Gläser ständig zu tun, will er dafür sorgen, dass seine Gäste immer frisches Bier bekommen. Er bedient sich des „Kranzes", eines Tabletts mit Platz für knapp 20 Kölsch-Stangen und einem Tragegriff in der Mitte. Die Biere werden vom „Zappes" (das ist der Zapfmeister im Ausschank) oft noch aus dem Holzfass gezapft. Zur Kölner Lebenskultur gehört nicht nur das Kölsch, sondern auch das passende Essen. Das Lesen der Speisekarte in einem Kölner Brauhaus ist ein Abenteuer. Zum Glück findet sich meist eine deutsche Übersetzung.

Die Kombination von Spinatknödeln mit einem Mühlen-Kölsch aus der Malzmühle hat seinen besonderen Reiz darin, dass sich die Spritzigkeit des Biers mit dem leicht metallig-bitteren Geschmack des Spinats gut ausbalanciert. Der hohe Gehalt von Mineralien und Vitaminen macht Spinat zu einem gesunden Gemüse. (Es gehört zu den häufig wiederholten Irrtümern, im Spinat sei ein höherer Eisenanteil enthalten!)

Kombi NOTIZ

Das Mühlen-Kölsch zeigt eine feste, gelbe Farbe mit feinem Glanz und cremigem Schaum. Ein Duft von frischem Gras und edlem Hopfen hebt sich dezent heraus. Der Antrunk bringt neben der Frische eine gute Fülle von malzigen, leicht süßlichen Aromen. Sie werden von einer schwungvollen Bitternote, die an Bitterorange erinnert, eingefangen. Der Ausklang ist trocken-bitter und gut abgerundet. Es herrscht auffallende Harmonie.

Gemüsestrudel mit Petersilienschaum – Stiegl Paracelsus Bio Zwickl (AT)

„All Ding sind Gift, und nichts ist ohn' Gift, allein die Dosis macht, dass ein Ding kein Gift ist." Dieser Ausspruch von Paracelsus, dem Arzt, Alchemisten, Astrologen, Mystiker und Philosophen (1493–1541), hat noch heute Gültigkeit. Nur die Dosis macht das Gift! Das ist auch ein Hinweis dafür, sich beim Genuss zu mäßigen.

In 1 l Bier mit einem Alkoholanteil von 5,0 % Vol. sind 50 ml **Alkohol** enthalten. 1 ml Alkohol wiegt 0,793 g. Die durchschnittliche Menge an Alkohol pro Tag, die laut wissenschaftlichen Erkenntnissen eine positive Wirkung für den menschlichen Körper hat ist für Männer 40 g und für Frauen 20 g. Umgerechnet ergibt das 1,0 l Bier für Männer bzw. 0,5 l für Frauen. Alle großen nationalen Gesundheitsstudien bestätigen, dass der Grad der Zufriedenheit mit dem Leben insgesamt und der eigenen Gesundheit unter den leichten, moderaten und selbst unter den starken Alkoholkonsumenten größer ist als unter Abstinenten.

Schmückt sich ein Bier mit Paracelsus Namen, ist anzunehmen, dass bei der Verarbeitung nur beste Zutaten zur Anwendung kommen. Für das Stiegl Paracelsus Zwickl werden nur Rohstoffe aus kontrolliertem, österreichischem, biologischem Anbau verwendet. Die Stieglbrauerei zu Salzburg ist Österreichs größte Privatbrauerei. Das unabhängige, Familienunternehmen setzt konsequent auf Qualität. Sein Slogan „Braukunst auf höchster Stufe" und die rote Stiege als Markenzeichen symbolisieren die Symbiose von Tradition und Innovation.

Kombi NOTIZ

Das goldgelbe Bier mit leichter Kellertrübung und feingliedriger Schaumkrone präsentiert sich eindrucksvoll. Anfangs von einem hopfenbetonten Geruch dominiert, zeigt es eine milde Malznote mit einem typischen Bierkellerton. Samtig weich und angenehm mit einer gut ausbalancierten Geschmacksstruktur folgt die Empfindung dem Anfangsgeruch. Die edle Bittere schmeichelt der malzigen Süße und klingt harmonisch aus. Ein Gemüsestrudel mit Petersilienschaum weckt verborgene Aromen in diesem Bier. Das frische Kräuteraroma von Petersilie und Gartenkräutern im Gemüsestrudel geben dem Nachtrunk eine geschmackliche Konzentration, die alleine vom Bier her nicht möglich wäre. Ein erfrischender Effekt entsteht.

Dinkel-Nudeln mit geschmortem Gemüse – Distelhäuser Dinkelbier (DE)

Teigwaren sind aus der mediterranen Küche nicht wegzudenken. Auch in anderen Ländern sind Nudeln sehr beliebt. Je nach Herkunft werden sie aus Grieß, Mais, Kartoffeln, Hirse oder Dinkel unter Zugabe von Wasser, Eiern und verschiedenen Gewürzen gemacht. Es gibt viele Formen und Bezeichnungen. Im Einzugsgebiet der Distelhäuser Brauerei isst man Maultaschen. Der Name dieser beliebten, mit Fleisch gefüllten Nudeln kommt vom Kloster Maulbronn. Die Mönche des Klosters haben in der Fastenzeit das Fleisch im Nudelteig versteckt. Die Maultasche wird deshalb im Volksmund „Herrgottsbscheißerle" genannt.

Die hier empfohlenen Nudeln brauchen ihren Inhalt nicht verstecken. Geschmortes Gemüse gewinnt den konzentrierten Geschmack aus dem Garprozess. Flüssigkeit wird entzogen und verstärkt den Geschmack der Speise. Der Geschmack des Nudelteigs bleibt durch die Verwendung von Dinkelmehl eher neutral. Jetzt kommt wieder Bier ins Spiel. Eines der weltweit besten Dinkelbiere kommt aus der Distelhäuser Brauerei nahe Tauber-Bischofsheim. Die schmucke Brauerei braut eine Reihe interessanter Biere.

Kombi NOTIZ

Das Distelhäuser Dinkelbier ergießt sich mit einer opalisierenden Bernsteinfarbe ins Glas. Ein Weißbierglas ist empfehlenswert, um die Fruchtnoten von Banane, Apfel, Pfirsich und Bitterorange besser zu erkennen. Der Geschmack ist betont getreidig. Wir schmecken Honig, eine pikante Würze und auch etwas Säure. Gut verbundene florale Noten und ein trockener Abgang finalisieren diese Bierspezialität. Eine willkommene Ergänzung zu den schmackhaften Nudeln.

Kartoffel-Topfen-Taler auf Kokos-Ingwer-Spinat – La Rulle Estival (BE)

Die Rezeptur der Speise ist auf die Kombination mit Bier ausgerichtet. Nicht viele Köche zerbrechen sich den Kopf, welches Getränk zum jeweiligen Essen passt. Auch die Tageszeit, die momentane Stimmung und viele andere Faktoren entscheiden, ob und wie ein Gericht schmeckt. Kartoffeln und Topfen (Quark) werden für diese Speise vermengt, gewürzt und mit einem Hauch von Exotik ausgestattet.

Sicher würde hier auch ein Gewürztraminer gut begleiten. Gutes Essen und dazu guter Wein – die meisten Menschen, die Essen als Kultur ansehen, meinen: „Da gibt es keine Steigerung." Was könnten sie erst empfinden, beschäftigten sie sich richtig mit der Kombination von Speisen und Bier...

Kombi NOTIZ

Dieses ausgesuchte belgische Ale besticht vor allem durch sein Hopfenaroma. Helles Gelborange mit kaum wahrnehmbarer Trübung kommt

aus der 0,75 l-Flasche. Der Schaum ist fest und trotzdem leicht. Grasige Hopfenaromen dominieren den Geruch. Ein ausgewogener Bittergeschmack wird lang und länger. Der solide Körper des Biers wird umfangen von einer grapefruitartigen Bittere, etwas Malz und einem würzig-scharfen Ende. Die Verwendung amerikanischer Aromahopfensorten zieht die Fruchtigkeit in die Länge und ermöglicht den würzigen Komponenten der Speise ein spannendes Gegenspiel.

Kohlrabischeiben im Karotten-Haferflocken-Mantel – Hadmar Biobier (AT)

Hadmar der Zweite von Kienring ist der Namenspatron dieses Bräus aus der Bierwerkstatt Weitra, die seit 2003 mit der Privatbrauerei Zwettl verbunden ist. Weitra im Waldviertel ist die älteste Braustadt Österreichs; sie wurde im 12. Jahrhundert von Hadmar gegründet. Es ist nicht verwunderlich, dass man in einer Stadt mit so großer Brautradition Wert auf Bier mit Rohstoffen aus biologischem Anbau legt. Durch die Verwendung von weichem Wasser aus dem Urgestein Granit, durch offene Gärung und langsame Reifung im kalten Lagerkeller entsteht eine vorzügliche Bierspezialität.

Kombi NOTIZ

Edle Bronze, die Farbe begeistert. Hopfenduft steigt zart empor, dahinter werden Malzaromen mit etwas Röstcharakter spürbar. Obwohl der Geschmack des Biers vollmundig anmutet, ist es doch eine milde, angenehme Bittere, die vom Hopfen und vom Röstmalz herrührt. Der milde Geschmack kann mit der vegetarischen Spezialität Kohlrabi, den eine Kruste aus Karotten und Haferflocken umgibt, veredelt werden. Umgekehrt gibt das Bier der Speise eine geschmackliche Ergänzung, die viel Freude bereitet.

Tagliatelle mit Bärlauchpesto – Schnaitl Dunkel (AT)

Die italienische Küche erfreut sich großer Beliebtheit. Das liegt sicher an der einfachen Zubereitung der Speisen. Nudeln kochen kann aber auch etwas Besonderes sein. Gibt man etwas Olivenöl ins Wasser oder nicht? Lässt man sie kurz aufkochen und länger ziehen? Weich, al dente, noch fester? Jeder muss das selbst herausfinden und natürlich was er dazu trinkt. Kaut man Nudeln einmal etwas bewusster, erkennt man einen angenehm runden Geschmack nach Getreide, der zunehmend auch etwas Süße annimmt. Soll man diesen Geschmackseindruck mit säuerlichem Wein zerlegen? Sicher nicht! Es ist viel besser, man trinkt dazu ein malzaromatisches Bier.

Der Bärlauch regt die Geschmacksnerven zum Wachsein an. Die beliebte Pflanze wächst im Frühjahr als Erste im Garten. Sie schmeckt am besten, wenn man sie roh zu einem Pesto verarbeitet. Kocht man Bärlauch auf, geht nicht nur Geschmack, sondern auch der Großteil des hohen Vitamin-C-Gehalts verloren. Auf alle Fälle ist darauf zu achten, dass man ihn nicht mit anderen Pflanzen wie dem Maiglöckchen oder der Herbstzeitlose verwechselt; diese sind nämlich hochgiftig (auch in kleinen Dosen, wie Paracelsus sagen würde).

Kombi NOTIZ

Das kastanienbraune Schnaitl Dunkel hat genau die Eigenschaften, die diese leichte italienische Speise geschmacklich abrunden können. Das frische Duftaroma lässt den Geruch nach Hopfen spüren. Der Antrunk ist noch etwas süßlich, dann folgt ein kerniger Malzkörper mit feinen Schokoladenoten. Röstmalze werden von einer edlen Bittere eingehüllt und überraschen den Gaumen mit einem trockenen Ausklang.

Kräuterravioli mit Mozzarella – Kapsreiter Stadtbräu (AT)

Nudeln sind nicht nur wegen der einfachen Zubereitung so beliebt. Sie sind auch billig. Selbst die teureren Produkte reißen kein großes Loch in das Haushaltsbudget. Das deshalb früher sogenannte Armeleuteessen hat längst Einzug in die feine Küche gehalten. Ravioli stammen aus Ligurien. Mit solchen Teigtaschen hat man früher Reste verwertet. Was noch gut war an Fisch, Fleisch, Geflügel, Käse oder Gemüse wurde klein gehackt und in die kleinen Teigquadrate gehüllt. Die Ravioli wurden gekocht und mit Butter bzw. Käse und Tomatensoße serviert. Im vorgeschlagenen Rezept sind frische Kräuter und Mozzarella in den Ravioli enthalten. Sie sollten mit zerlassener Butter serviert werden. Das Gericht bekommt durch frische Kräuteraromen eine edle Geschmacksnote. Gemeinsam mit dem richtigen Bier wird es noch besser. Unsere Wahl zu der delikaten Speise fällt auf das Kapsreiter Stadtbräu.

> **Nur Vorderwürze** – das heißt, dass man beim Abläutern auf die Nachgüsse (das „Auslaugen" der Maische) und so bewusst auf eine höhere Ausbeute verzichtet. Man setzt auf allerhöchste Qualität – nicht nur durch die Verwendung von Rohstoffen aus kontrolliert biologischem Anbau. Das Kapsreiter Stadtbräu wird offen vergoren, langsam gereift und nicht mehr filtriert. Eine biologische Spezialität aus der Schärdinger Brauerei, die dieses Bier ausschließlich aus Vorderwürze braut.

Kombi NOTIZ

Ein orange-bernsteinfarbenes Bier mit gleichmäßiger Trübung, feinporiger Kohlensäure und einem guten, cremigen Schaum zeigt festlichen Charakter. Karamellduft umgibt die Nase. Der Antrunk ist angenehm süß, lässt aber gleich eine herrliche, kräuterartige Bitterkeit spüren. Ein vollmundiges Bier mit weichem, öligem Mundgefühl. Die Süße hat sich verflüchtigt. Ein solider Malzkörper tritt in Erscheinung, umhüllt von einem diskret hopfigen Finale.

Knoblauchspaghetti – Durham Cloister (ENG)

Dass zu Nudeln Bier getrunken werden soll, ist mittlerweile nicht nur unter Biersommeliers bestens bekannt. Spaghetti aglio e olio bieten sich für die Kombination mit einem bitter-aromatischen Bier an. Das ausgewählte Bier aus der Durham-Brewery im Nordwesten Englands ist eigentlich kein traditionell britisches Bier. Vom Bierstil her würde man es zu den Bitter Ales zählen. Interessant ist auch, dass ein Bier mit moderatem Alkoholgehalt so eine außergewöhnlich intensive Geschmacksnote aufweisen kann.

Gerade kleine Brauereien in England brechen mit alten Traditionen und bringen in jüngerer Zeit auffallend gute Biere heraus. Will man allerdings in einem Londoner Pub eine solche Spezialität bekommen, gleicht das der Suche nach der Nadel im Heuhaufen. In Österreich bekommt man das Durham Cloister beim bierverrückten Backhendlwirt Uli Bacher in Radenthein (Kärnten) und natürlich im Biergasthaus des Biersommelier-Weltmeisters in Aigen im Mühlkreis.

Kombi NOTIZ

Die goldene Farbe dieses Biers mit orangen Reflexen weist nicht auf den Bierstil eines britischen Bitters hin. Die Hopfenmischung fasziniert mit einem Duft nach Blumen. Englischer, tschechischer und amerikanischer Hopfen prägen zusätzlich den Geschmack des Biers, der Gedanken an Grapefruitaromen und Pfirsich erweckt. Ein sehr erfrischendes Maß an Bitterkeit klingt sauber aus. Würzt man die Speise noch mit Chili und Pfeffer, wird durch den gemeinsamen Genuss der aromatische Hopfengeschmack des Biers frischer und belebender wahrgenommen. Scharfe Empfindungen können durch den bitteren Geschmack des Biers angenehmer werden.

Spargelomelett –
La Bianca Orange (IT)

Vorerst einmal genug mit der Küche vom Stiefel Europas. Nun kommt italienisches Bier ins Spiel. Italien ist ein aufstrebendes Bierland. In den jüngsten Jahren sind dort Biere entstanden, die in die Riege der Besten der Welt Einzug fanden. In einigen italienischen Spitzen-Restaurants findet man neben einer guten, manchmal immensen, Weinauswahl ein gut sortiertes Bierangebot. Diese Entwicklung würde man sich für den deutschsprachigen Raum wünschen. Der Biermarkt Italien ist so auch als Exportmarkt interessant. Und für Zuwanderer: Matthias Müller, ein Brauer aus München, der in Italien lebt, hat sich einen Lebenstraum erfüllt. Er setzt auf handgebraute Biere. Mit dem La Bianca Weizen hat er schon Medaillen beim European Beerstar gewinnen können. Zum Spargelomelett kann man das nachfolgend beschriebene Bier aus seiner Bierwerkstatt besonders empfehlen.

Kombi NOTIZ

Ein fruchtig-spritziges Weißbier, mit sizilianischen Orangen verfeinert. Mit traditioneller Flaschengärung und einem außergewöhnlichen Aroma ist es selbst für Weißbierfreunde eine positive Überraschung. Nobles Orange, fein mattiert, darüber eine kräftig wirkende Schaumkrone. Der fruchtige Duft nach Orangen, Zitronen und reifen Tropenfrüchten ist sehr einladend. Im Antrunk recht frisch und spritzig, tastet sich der vollmundige Bierkörper in alle Winkel und Ecken des Mundes vor und hinterlässt seine geschmackliche Spur. Grazil kommt noch ein Hauch von Bittere hinten nach. Dieses Bier muss man nicht unbedingt in Weißbiergläsern servieren. Gut gekühlt in schlanken, zylindrischen Gläsern oder auch Champagnergläsern verändert sich der Geschmack zum Positiven. Ein leichtes, mild gewürztes Spargelomelett setzt sich den Aromen des Biers wundervoll entgegen.

Fisch und Bier

Wir kennen kein Lehrbuch der Servierkunde in dem die Paarung Fisch und Bier empfohlen wird. Offenbar macht man sich zu wenig Gedanken über die neuen Geschmackswelten, welche durch solche Kombinationen möglich werden. Viele Bierliebhaber essen gerne Fisch, fragen aber in feinen Restaurants nicht nach einem dazu passenden Bier. Man vermeidet – bewusst oder unbewusst – die auf eine solche Frage folgenden Reaktionen der Ober und Weinkellner. Wenn dabei Unbehagen im Spiel ist, sollte es allerdings eher auf der Seite des Personals entstehen. Die Frage nach dem richtigen Bier zum Fisch ist nämlich durchaus berechtigt, auch wenn sie heute noch fast alle Kellnerinnen und Kellner überfordert.

In der Spitzengastronomie werden bald viel mehr kreative Kombinationen aus Fischgerichten und den dazu passenden Bieren Einzug halten. Wir empfehlen allen Sommeliers, Restaurantbesitzern und Kellnern, die ihre Aufgabe ernst nehmen, dringend, sich bald zur **Ausbildung für Biersommeliers oder Bierbotschafter** anzumelden. Die Wartefrist für diese Kurse beträgt mindestens ein Jahr. Und es braucht geraume Zeit herauszufinden, welches Bier zu welchem Fisch passt.

Biersommelier Weltmeister Karl Schiffner bietet solche Kombinationen bereits seit den Neunzehnneunzigerjahren an. Anfangs wurde er dafür belächelt, manche nannten seinen Bruch kulinarischer Regeln dreist. Aber wer über den Tellerrand geblickt hat, etwa nach Belgien, konnte sehen, dass dort schon damals Bierspezialitäten zu Muscheln gereicht wurden.

Wer Bierspezialitäten zum Fischgericht genießen will, sollte sich über den Fisch und dessen Zubereitung informieren. Naturgebratene Fische unterscheiden sich im Geschmack wesentlich von gebackenen oder frittierten. Es hängt auch von der Würzung des Fisches ab, welches Bier man dazu aussucht. Natürlich wird die Bierwahl auch maßgeblich davon beeinflusst, ob wir einen Süßwasser- oder einen Meeresfisch verspeisen wollen. Weitere wesentliche Parameter für die Auswahl des zum Gericht passenden Biers: die Höhe des Fettanteils im Fisch und die Beilagen. Jedenfalls geht es bei der Kombination von Fisch und Bier darum, hochwertige Produkte gleichberechtigt nebeneinander zu stellen. Deshalb bieten wir hier einige „Regeln", die für die Kombination von Bier und Fisch hilfreich sind:

- Je weniger Fett der Fisch hat (ob durch Zubereitung oder im Fisch selbst), desto leichter sollte das Bier sein. Einen gegrillten Süßwasserfisch kann man also auch mit einem schlanken (nicht allzu bitteren) Pils kombinieren.
- Die Bitterkeit des Biers sollte den (oft zarten) Fischgeschmack niemals übertönen. Fischgeschmack in Kombination mit heftiger Bittere wirkt unharmonisch.
- Wird der Fisch gebacken (etwa in einem Bierteig), sollte man ein vollmundigeres Bier wählen.
- Bringt der Fisch viel Eigengeschmack mit, sollte man zum Ausgleich ein kräftiges, aromatisches Bräu wählen.
- Kommt Bier in der Rezeptur der Speise vor, muss man die Gartemperatur reduzieren! Sonst wird die Bittere kratzig.

Pochiertes Lachsfilet auf Risotto – Hofstettner Honigbier (AT)

Wer Honigbier liest, denkt an Süße. Honig ist ein beliebtes Süßungsmittel. Im Bier hat er eine lange Tradition. In früherer Zeit war vielerorts der Zucker knapp, denn der war einst – auch in Relation zum Honig – teuer und schwer zu beschaffen. Also hat man Honig auch im Brauprozess eingesetzt, um das Bier geschmacklich zu verbessern.

Im **Honig** enthaltene Frucht- und Traubenzucker geben dem Bier Stabilität. Heute wird meist keine starke Süßung des Biers angestrebt, so auch nicht bei der Herstellung des Hofstettner Honigbiers. Peter Krammer verwendet dafür ausschließlich Bio-Honig der Hochlandimker aus dem Pöstlingberg-Gebiet. Hinzu kommen Malz aus Biogerste und „Bierviertler" Biohopfen; beides ebenfalls in hoher Qualität. Der Honig wird während des Gärprozesses zugefügt. Die untergärige Hefe, die gerade dabei ist, den vorhandenen Zucker der Würze in Alkohol und Kohlensäure zu verwandeln, bekommt durch den Honig noch einmal Substrat und vergärt die in ihm enthaltenen Zucker.

Ein vollmundiges, fein-aromatisches Bier mit einer herrlichen gelben Farbe und einem Duft, der sich von Minute zu Minute deutlich verändert. Ein herausragender Geruch nach Propolis, einem Bienenharz, verdeckt die Malzdüfte, die erst nach und nach zum Vorschein kommen. (Es wundert uns nicht, dass es schon mehrfach ausgezeichnet wurde.) Am Gaumen zeigt das Bier seine Stärke in der Kombination mit Fischgerichten. Das Lachsfilet (das in der Folie im eigenen Saft pochiert wurde) behält den markanten Lachsgeschmack, weil durch das Garen bei ca. 80 °C im Wasserbad mehr Fett erhalten bleibt. Das Honigbier gesellt sich elegant dazu, ohne den Fischgeschmack zu zerlegen oder zu zerstören. Der Fisch bleibt in seiner Geschmacksstruktur unverändert. Eine äußerst stilvolle Begegnung unterschiedlicher Aromen verleiht dem Bier eine besondere Note. Die Serviertemperatur dieses Biers sollte nicht unter 9 °C liegen.

Wallerfilet im Speckmantel auf Kartoffel-Gemüse-Gröstl – Unertl Gourmet Weiße (DE)

Passen Fisch und Speck wirklich zueinander? Erfreut so eine Speise in Kombination mit Bier den feinen Gaumen des Gourmets? Viele Menschen, die sich als Feinschmecker sehen, wissen nicht, dass Bier in Kombination mit edlen Speisen geschmackliche Sensationen hervorrufen kann. Wir haben das Gefühl, manche von ihnen wollen das gar nicht wahrhaben. Die Bezeichnung „Gourmet“ kommt aus dem Französischen und meint einen Kenner und Genießer von feinem Essen und guten Getränken. Wir sind felsenfest überzeugt: Wer ein Gourmet sein will, kommt um das Thema Bier nicht herum.

„Gourmand“ wiederum meint einen Menschen, der gut, gerne und vor allem viel essen und trinken mag. Manche Kreise sehen das so: Gourmets sind gute Weinkenner, Gourmands genießen Bier zu (deftigen) Speisen. In der Brauerei Unertl hat man mit der Produktbezeichnung „Gourmet-Weizen“ vielleicht bewusst auf diese geläufige Fehleinschätzung reagiert. Tatsächlich wird die Kombination von Wallerfilet und diesem Bier von der Brauerei aus Mühldorf am Inn jeden echten Gourmet begeistern.

„Waller“ steht in Oberösterreich für den Süßwasserfisch Wels, der durch sein artbedingtes ständiges Wachstum riesengroß werden kann. In einem Zeitungsartikel aus den Neunzehnneunzigerjahren wird von einem Welsfang aus dem Po berichtet. Der gefangene Fisch war knapp drei Meter lang und wog über 100 kg. Solche Rekordwelse schmecken aber nicht mehr gut, man sollte kleinere Fische zubereiten. Ihr Fleisch ist weiß, fest und hat wenig Gräten. Ihr Geschmack ist mild, der Wels hat ein feines Aroma. Ein dunkles, aromatisches Weißbier ist dazu eine gute Empfehlung.

Kombi NOTIZ

Dunkles undurchsichtiges Kupfer, ein weißer, fester Schaum, der über den Glasrand ragt, und ein fruchtiger Duft nach reifen Melonen und Bananen dominieren den ersten Eindruck. Der frische Antrunk (mit Noten von Karamell und Vanille in Verbindung mit reifen Bananen) endet in einer zarten Bitternote. Dieses dunkle Weißbier kann die speckigen Aromen der

Speise bestens stabilisieren. Auch die Konsistenzen – der feste und doch zarte Wels und der weiche, cremige Körper des Unertl (Respekt!) – spielen perfekt zusammen. Die Aromenvielfalt des Biers verdient sich unsere Anerkennung. Sie umspielt den feinen, stabilen Geschmack des Fisches. Dunkelmalzaromen im Abgang erinnern an Schokolade und Toffee.

Zanderfilet an Orangen-Kerbel-Soße – Edelweiss Hofbräu (AT)

Einer der beliebtesten Fische auf österreichischen und ungarischen Speisenkarten ist der Zander (in Ungarn auch Fogosch genannt). Der Süßwasser-Raubfisch hat ein sehr schmackhaftes Fleisch und wird in vielen Varianten zubereitet. Wer zum Fisch Bier reicht, wählt ein Rezept, das zum Biertyp passt. Ist die Würzung eher pikant oder sogar mit Schärfe belegt, wählt man ein kräftig-aromatisches Bier, das auch eine stimmige Bittere mitbringt. Die ätherischen Kerbel-Öle bringen einen fein-herben Geschmack in die Speise, der dem Bitterton der Orange Halt gibt.

Kombi NOTIZ

Sieht gut aus: dunkelgelbe Farbe mit hellem Nebelschleier und ein fester, schneeweißer Schaum. Der Duft changiert zwischen der deutlich erkennbaren Bananenote und floralen Kräuternoten. Am Gaumen schwingen fruchtige, süßsaure Aromen auf und ab. Sie lassen den Geschmack von Orangen und anderen Obstsorten erkennen und münden in einen bittersüßen Endgeschmack. Genau an dieser Stelle verschwimmen die Grenzen zwischen dem Fischgericht und diesem lebhaften Bier. Seine Leichtigkeit spiegelt jene des Zanderfleischs. Das Bier ist erfrischend und wie das Fischgericht sehr schmackhaft. (Das Edelweiss Hofbräu ist ein fruchtiger Weißbiertyp aus dem Brauhaus Kaltenhausen bei Salzburg.)

Forelle vom Grill mit Folienkartoffeln – Schremser Roggen (AT)

Roggen wurde bis in das Mittelalter gerne als Rohstoff zum Bierbrauen verwendet. Im bekanntesten Reinheitsgebot, jenem von 1516, wurde ausdrücklich die Verwendung von Gerstenmalz verordnet und somit Roggen zur Herstellung von Bier verboten. Auslöser dafür war auch eine Roggenknappheit. Man fürchtete, dass die Versorgung mit Brot gefährdet wäre, wenn die Brauer den Roggen zum Bierbrauen aufbrauchten. Mit dem Reinheitsgebot wollte man natürlich auch verhindern, dass gesundheitsschädliche Zutaten dem Bier beigefügt würden. Der Wittelsbacher Wilhelm IV., der am 23. April 1516 das Reinheitsgebot erlassen hat, soll außerdem Gerstenanbau in großem Stil betrieben haben ...

In Österreich stellt die Stiftsbrauerei Schlägl seit dem Jahr 1992 wieder ein Roggenbier her. Es wurde zur oberösterreichischen Landesausstellung herausgebracht und ist heute als Bio-Bier erhältlich. Die Schremser Brauerei feierte 2010 ihr 600 Jahre Jubelfest. Karl-Theodor Trojan nennt das von ihm gebraute Schremser Bio-Roggen sein Lieblingsbier. Das können wir gut nachvollziehen.

Kombi NOTIZ

Das obergärige Bier leuchtet mit einer Farbtiefe von Bernstein. Ein fruchtig-würziger Duft von Banane, Brotgewürzen und Gewürznelke eröffnet den Geschmacksbogen. Im vollmundigen Körper sind schön eingebundene Malzaromen erkennbar. Der Eindruck ist erfrischend und mit einer geringen Hopfenbittere gut ausbalanciert. Am Ende bleibt eine zarte Kräuternote. Die Wahl fiel auf das Schremser Roggen, auch aufgrund der Sättigungsbeilage. Gegrillter Fisch kann die erdigen Aromen der Folienkartoffel gut auffangen und etwas in die Länge ziehen. Dazu gesellen sich nun die brotig-malzigen Aromen des Biers und hinterlassen in der Summe einen fulminanten Eindruck.

Saiblingsfilet mit brauner Butter und Spargel – Pilsner Urquell (CZ)

Pilsner Urquell gilt als die Mutter aller Pilsbiere. Die Bierqualität in Pilsen war im 19. Jahrhundert so schlecht, dass man sich einen bayerischen Braumeister nach Böhmen holte. Josef Groll stammte aus einer Brauerfamilie in Vilshofen. Er stellte im Jahr 1842 in Pilsen das erste Bier nach Pilsner Brauart her. Dafür verwendete er helles Malz und eine spezielle Hopfensorte, den Saazer Hopfen. Zudem hat er sein Pils (das noch lang nicht so hieß) mit untergärigen Hefen kalt vergoren. Die Entdeckung dieser Gärmethode schreibt man dem österreichischen Brauer Anton Dreher zu. Untergärige Hefe leistet ihre Arbeit bei niedrigen Temperaturen (4–9 °C). Untergärig vergorene Biere waren länger lagerfähig als obergärige Biere, zumindest bis zu dem Zeitpunkt, als Carl von Linde die erste Kühlmaschine in einer Brauerei (ebenfalls in einem Dreher-Auftrag) einbaute. Bis dahin konnte man untergärige Biere nur in der kalten Jahreszeit einbrauen. Das Brauerjahr währte früher von Michaeli (dem 29. September) bis Georgi (dem 23. April). Der 30. September wurde lange Zeit als „Brauer-Silvester" groß gefeiert.

Zurück zum Pilsner Bierstil. Er eroberte via Berlin die ganze Welt und galt lange Zeit als Messlatte für gutes Bier. Heute unterscheidet man drei unterschiedliche Pilsstile: Das Pilsner Urquell wird dem böhmischen Pils zugeschrieben, mit einer kräftigeren, etwas dunkleren, gelben Farbstruktur. Böhmisches Pils zeigt im Geruch eine feine Butternote (Duft nach frischer (!) Butter) und im Geschmack eine vollmundige, weiche Konsistenz. Norddeutsche Pilsbiere sind heller, haben einen grazilen Hopfengeruch und einen schlanken, spritzigen Bierkörper. Meist heller als die böhmischen, aber farbintensiver als norddeutsche Pilsbiere sind österreichische und süddeutsche Pilsbiere. Ihr Geruch ist betont hopfen- und malzaromatisch, ihr Geschmack stabil und vollmundig. Alle Pilsbiere eignen sich als Aperitif. Sie bieten außerdem wunderbare Geschmackserlebnisse in Kombination mit nicht zu intensiven Fischgerichten.

Kombi NOTIZ

Eine brillante, dichte, gelbe Farbstruktur mit dunklen, goldenen Schatten funkelt aus dem Glas, darüber sitzt ein federleichter, aber fester Schaumpolster. Zitrusduft vermischt sich mit grasigen Aromen und einer gut eingebetteten Butternote. Der Geschmack wechselt von anfänglicher Süße hin zu einer gut strukturierten und sauberen Bittere. Spürbare Malzpräsenz evoziert Gedanken an Essbares. Der Bachsaibling mit brauner Butter und Spargel stellt sich dem Bier heiter und stilvoll entgegen. Die Aromen von Speis und Trank gehen Hand in Hand. Erlebt man das alles in einem von Kastanienbäumen beschatteten Biergarten, bekommt die Genusswelt eine weitere Dimension.

Gebackenes Schollenfilet mit Kartoffelsalat – Bischofshof Kristallweizen (DE)

Was Fish and Chips für die englische Küche, ist die gebackene Scholle mit Kartoffelsalat in kontinentalen Küstengebieten. Die Scholle kommt in den meisten europäischen Meeren vor, deshalb gibt es viele Rezepte für den wertvollen Speisefisch. Maischollen sind besonders beliebt wegen ihres zarten Fleischs und weil sie fast keine Gräten haben. Der Kartoffelsalat sollte nicht zu scharf gewürzt werden. Um den zarten Fischgeschmack noch weiter abzurunden, wählt man ein Kristallweizen. Dieser Weißbiertyp ist die ideale Ergänzung zu gebackenem Fisch. Das unfiltrierte Bier zeichnet sich durch seine elegante Spritzigkeit und sein fruchtbetontes Aroma aus.

Bierwissen

Die **Perlage** (feine Kohlensäurebläschen mit einer moussierenden Wirkung) des Biers ist ähnlich der eines Champagners. Der Begriff Champagnerweizen ist nicht mehr zulässig, da „Champagner“ eine in der EU geschützte Herkunftsbezeichnung ist. Der Anteil von Kristallweizen am Weißbier hat sich in den letzten Jahren stark reduziert. Doch in Süddeutschland, etwa in Württemberg, zum Beispiel bei der Brauerei Baisinger, findet man noch ausgezeichnete Biere dieses Typs. Zum Glück, denn dieser Bierstil glänzt kristallklar in Kombination mit einer gebackenen Scholle.

Kombi NOTIZ

Die Farbe ist ein helles Gold, der Schaum ist weiß und fest. Eng miteinander verschränkte Düfte nach Gewürznelke, Banane und Hefe. Die zarten Fruchtaromen verbinden sich ideal mit dem dezenten Fischgeschmack. Durch die Panade bleibt der Fisch saftig – eine herrliche Kombination mit dem guten Trinkfluss des Weißbiers. Weitere Glanzpunkte sind der Geschmack von fruchtiger Süße und die imposante Länge.

Die Brauerei Bischofshof in Regensburg braut bereits seit über 360 Jahren Biere mit überzeugender Qualität. Dass Bier nicht nur als Getränk zum Essen passt, sondern auch zum Kochen verwendet werden kann, beweist die Verwendung von Kristallweizen für einen Bierteig. Das Bier verleiht dem Teig einen besonderen Geschmack und macht ihn knusprig. Seine Kohlensäure macht ihn luftig.

Rotbarschfilet an Safranschaum – Alpirsbacher Spezial (DE)

Safran wird bei der Zubereitung von Fisch gerne verwendet. Das teure Gewürz kommt aus Persien oder der spanischen Provinz La Mancha. Es wird wegen der intensiven Farbgebung und des würzig-scharfen Geschmacks sehr sparsam verwendet. Die Bitterstoffe des Safrans harmonieren mit den Bitteraromen des Biers.

Der Rotbarsch ist ein Tiefseefisch, er wird meist in der Nordsee gefangen. Sein weißes, festes Fleisch ist leicht verdaulich. Die pikante Würznote verlangt ein flüssiges Gegenüber, das ihm standhält. In der Alpirsbacher Klosterbrauerei (Schwarzwald) findet man ein kraftvolles Spezialbier das dieser Aufgabe gewachsen ist.

Das Spezial ist würzig-kräftig, hat eine weißgoldene Farbe und einen cremig-festen Schaum. Es bietet eine Fülle von Duft- und Geschmacksaromen. Zu Beginn steigt aromatischer Hopfenduft auf, dann setzen sich die Malzaromen durch, umgeben von frischen Gewürznoten. All die Düfte vermengen sich ätherisch mit jenen, die vom Fisch und Safran aufsteigen. Jetzt überzeugt ein elegant abgerundeter Körper mit einer hintergründigen Bittere und einem langen Geschmacksausklang, freundlich kontrastiert von der eigenen Note des Safran. Ein weicher Eindruck bleibt vom Bier und weist auf die Verwendung von sehr weichem Wasser hin. Die anschmiegsame Vielfalt von Aromen bringt nacheinander die Charaktereigenschaften dieser Spezialität und des Fischgerichts zu Tage.

Frische Austern – Adnams Oyster Stout (ENG)

Wer kennt sie nicht, die elegante Kombination von Austern und Champagner? High Society. Will man dabei sein, kommt man am Schlürfen nicht vorbei. Austern isst man also roh. Sie müssen aber noch frisch sein, leben! Man erkennt das an der fest geschlossenen Schale. Verspeist man tote Austern roh, kann das zu Vergiftungen führen. Geschmacklich sind Austern neutral, sie bieten wenige Aromen. Deshalb wird meist ein Stück Zitrone oder eine Vinaigrette (Essigmarinade) dazu gereicht. Das Salzwasser in der Muschel wird mitgeschlürft oder weggeschüttet. Trennt man die Auster von der unteren Schale und lässt sie dann darin eine Weile stehen, wird die Flüssigkeit milchig-weiß. Die Auster „blutet" aus, diese Flüssigkeit nennt man Austernwasser. Neben Champagner gilt ein leichter, fruchtiger Weißwein als idealer Austern-Begleiter.

Passt Bier in diese noble Welt? Und ob! In England ist das Zusammenspiel von Stouts und Austern nicht ungewöhnlich. Auch in Belgien hat die Kombination aus Muscheln und stärkeren Bieren Tradition. Besonders fein ist der süße Malzgeschmack eines belgischen Trappistenbiers in Kombination mit den salzigen Aromen der Schalentiere.

Das Oyster Stout der Adnams Brewery, Southwold, England gibt es immer nur für kurze Zeit; meist von Jänner bis April. Es ist ideal für die Kombination mit Austern. Trotz seines geringen Alkoholgehalts von nur wenig mehr als 4 % Vol. besticht das Oyster Stout mit Aromareichtum: Nuss-, Schokolade, Hopfennoten. Sie ergänzen die neutrale Muschel bestens. Die samtige, schwarze Farbe, der erdige Geruch und ein geradliniger, von Kräuternoten umspielter Dunkelmalzgeschmack zeugen von hoher Braukunst. Das Bier wirkt edel, ergänzt exzellent das vornehme Seafood. Im Abgang verbinden sich Kaffee- und Salzaromen, auch die passen bestens zum Salzwassergetier.

Muscheln im Gemüsesud – Norse Porter (NOR)

Dunkle Biere aus einem Land, in dem im Winter die Nächte sehr lang werden... Bierbrauen hat in Norwegen eine alte Tradition. Bauernhöfe waren einst gesetzlich gezwungen Bier zu brauen. (Die Bauern hatten für das gebraute Bier einen Obolus an das Königshaus zu entrichten.) Porter ist ein ursprünglich englischer Bierstil. Das weiche, cremige, röstaromatische Bier wurde bald auch in anderen Ländern geschätzt. So auch in Norwegen. Dort war es Brauch, spezielle Biere für familiäre Anlässe wie Hochzeiten, Taufen und sogar Beerdigungen zu brauen. Die Haandbryggeriet greift alte norwegische Traditionen auf und braut in Drammen eine Reihe hochinteressanter Biere.

Der Bierstil **Britisches Porter** wurde ursprünglich für die Arbeiter (zu einem Gutteil Träger!) in den Londoner Docks gebraut. Anfangs war es ein Gemisch aus Ale und Starkbier. Später wurde es in unterschiedlichen Stärken angeboten. Das kräftigere, röstaromatische und leicht säuerliche Porter nannte man Stout Porter (starkes, eigentlich stämmiges, Porter). Später wurde der Name verkürzt und daraus ein eigener Bierstil, der sich breit durchgesetzt hat: Stout. Bekanntester Vertreter ist heute das Stout der ursprünglich irischen Marke Guinness. Porter war vor einiger Zeit in England vom Markt verschwunden. Der Bierstil wurde in den USA von kreativen Microbreweries wiederbelebt. Britisches Porter wird immer obergärig vergoren. Es gibt aber auch untergäriges Porter, vor allem in Russland, Polen und Deutschland. Diesen Bierstil nennt man „Baltisches Porter".

Kombi NOTIZ

Das Norse Porter ist ein klassisches, britisches Porter mit einer tiefbraunen bis schwarzen Farbe und einem kräftigen, erdigen Malzduft. Dahinter sind Röstmalz-, Schokolade- und Kaffeearomen erkennbar. Die Malzmischung bringt auch etwas Säure hervor, die eine kühlende Frische an den Zungenrändern hinterlässt. Dank dieser kräftigen Aromen könnte man dieses Bier gut mit saftigen Steaks oder mit Schokolade oder süß-fruchtigen Desserts kombinieren. Zu Muscheln passt es perfekt wegen seiner säuerlichen Röstnote. Die salzigen Aromen des Gemüsesuds und der Geschmack der Muscheln kommen in Kombination mit dem norwegischen Porter bestens zur Geltung. Das gesamte Mundgefühl wird durch die feinperlige Kohlensäure bereichert.

Matjesgratin –
Fraoch, Heather Ales (SCO)

Ein einfaches Gericht aus Kartoffeln, Matjesheringen und Schlagobers (süße Sahne). Die Kartoffeln werden in dünnen Scheiben (wie Schuppen) auf und unter die Matjesfilets gelegt, Obers oben drauf; mit Pfeffer, Salz und Muskatnuss würzen; noch ein paar Butterflocken darüber und ab in den Backofen. Nach rund 40 Minuten ist ein schmackhaftes Fischgericht servierbereit, das in Kombination mit dem richtigen Bier reinen Hochgenuss erzeugt. Wir haben zu dieser würzigen Speise ein Heidekrautbier aus Schottland ausgesucht. Heidekraut wird bei diesem traditionellen Bier (sein Rezept ist seit 4.000 Jahren bekannt) schon in die Maische gegeben.

Kombi NOTIZ

Das amberfarbenes Bier mit Malzcharakter hat einen blumigen Duft, der süße Kräuteraromen mitbringt. Der weinähnliche Geschmack ist von einer Fülle von torfigen Aromen und einer Biskuitnote umgeben. Dieses Bier nimmt die Herausforderung einer kräftig-würzigen Speise an und beruhigt die Geschmacksempfindung auf angenehm sanfte Weise.

Fleisch-speisen und Bier

Schwein, Kalb, Rind oder Wild bieten einen unübersehbaren Variantenreichtum. Neues Probieren und mit mutigen Kombinationen ungeahnte Geschmacksmomente zu erleben, das ist die Zukunft. Ein Angebot von weit mehr als hundert verschiedenen Bierstilen steht bereit, um entdeckt zu werden. Einfallslosigkeit können nur jene wirksam bekämpfen, die bereit sind, ein Stück ihrer Alltagsbequemlichkeit aufzugeben. Aufgrund der enormen Vielfalt geben wir hier Tipps zur Kombination von Bierstilen und Fleischgerichten:

So vereinfacht wie die Allgemeinheit bislang Bier betrachtet hat, ist auch die falsche Faustregel: „Auf die Farbe kommt es an." Es gibt weit mehr Parameter für die richtige Kombination von Bier und Fleischspeisen. Eine Rolle spielen die verwendeten Gewürze, andere Rollen die Zutaten, die enthaltenen Fette, Geschmacks- und Mineralstoffe, die Zubereitung. Hinzu kommen Anlass, Jahreszeit, Raumtemperatur und vieles mehr.

Beim Bier wie beim Fleisch könnte man auf kurze Wege und Produkte aus der Region achten, die Kaufkraft nur in unmittelbarer Nähe wirken lassen. Tränke man nur das Bier, das vor Ort gebraut wird, äße man nur Fleisch aus der regionalen Landwirtschaft, käme keine fortschrittliche Weiterentwicklung mehr zustande, das jetzt vielfältige Angebot würde deutlich eingeschränkt. Wir empfehlen lieber, die Möglichkeiten unserer Zeit zu nützen. Die Spielarten der Kombination von Bier und Fleischspeisen sind überaus vielfältig. Alleine die unterschiedlichen Fleischarten von Schaf, Lamm, Ziege,

- Helles oder auch österreichisches Märzenbier: einfache Braten oder Eintopfgerichte
- Export- bzw. Spezialbier: würzige Braten, gekochtes Rindfleisch
- Belgisches Tripel und Heller Bock: Steaks, Wildgerichte, Braten vom Kalb oder Rind
- Strong Ales, India Pale Ale: würzige Steaks, Speisen vom Rind oder Wild
- Weizenbock, Eisbock: intensiv gewürzte Steaks von Rind, Lamm oder Wild
- Dunkles, Dubbel, Alt: würzige Braten mit Pilzen, Wildgerichte, Lamm
- Rauchbier: geräucherte Fleischspeisen, gegrillte Gerichte
- Porter, Schwarzbier, Stout: Lamm- und Rindersteaks, Wildgerichte, Gegrilltes, Geräuchertes

Die **Malzmelange** (so nennt man die Mischung unterschiedlicher Malze) bestimmt die Bierfarbe. Wenn ein leuchtendes, satt goldgelbes Bier zur Verkostung bereitsteht, kann man sich auf ein vollmundiges Bier freuen. Verbrauchszahlen zeigen, dass derartige Spezialbiere nur einen geringen Anteil am Gesamtbierausstoß haben. Für Bierliebhaber ist es unverständlich, dass die „Zeitgeistschraube" den Geschmack internationaler Mainstream Biere immer weiter nach unten, also gegen Null bewegt. Wir orten den Grund dafür in einer einfachen Überlegung: Der Shareholder-Value steigt, je geschmackloser das Bier wird. Denn die große Masse schaut nicht auf Geschmack, sie sucht auch keine Spezialitäten. Ein einziges ecken- und kantenloses „Near-Water" Bier im Sortiment, viel (möglichst einfältige) die Marke (nicht den Geschmack) betonende Fernsehwerbung und ein „guter" Preis bringt Weltkonzernen mehr Geld als Bierkultur und Nischenbiere. Was für ein großes Glück, dass es in Deutschland, Österreich und in anderen Ländern noch so viele kleine (aber auch manche große) Brauereien gibt, die Bierkultur pflegen. Meist inhabergeführt liefern sie uns Biere, die einfach etwas Besonderes sind und sich gut mit Speisen kombinieren lassen. Aber auch aus den österreichischen Brauereien der Brauunion kommen noch viele wirklich gute und betont gebraute Biere. Wir würden uns mehr wache Konsumenten wünschen, die diese Vielfalt (an)erkennen, indem sie diese wunderbaren Biere kaufen und trinken. Sollte aber der Mainstream zum Haupttrend des (Un-)Geschmacks werden, müssten Biersommeliers in Zukunft mit Wasser trainieren, weil der mengenmäßige Hauptbestandteil des Biers dann auch den „Geschmack" dominiert. Wir wollen lieber optimistisch sein und unseren Beitrag dazu leisten, dass sich mit geeigneten Kombinationen aus einer guten Küche und einem wohlsortierten Bierkeller ein Gegentrend entwickelt.

Lammkrone mit Rosmarin – Anchor Porter (USA)

Feine Speisen vom Lamm erfreuen sich immer größerer Beliebtheit. Das zarte Fleisch und der unaufdringliche, aber markante Fleischgeschmack bieten ein herrliches Gaumenerlebnis. Die Lammkrone, auch Lammkarree genannt, ist das zarteste Stück vom Lamm. Kurz gebraten behält das Fleisch seine wunderschöne rosa Farbe und den Saft des Fleisches, der einen feinen Geschmack abgibt. Rosmarin ist ein beliebtes Gewürz für Lamm, weil seine ätherischen Öle den Lammgeschmack bestens ergänzen. Als Bierempfehlung suchen wir hier nichts Ausgleichendes, wir wollen vielmehr den milden, fein-würzigen Geschmack mit einem ebenso feinen Bier abrunden. Das Anchor Porter aus San Francisco ist dem altenglischen Porter nachgebraut.

Kombi NOTIZ

Man schenkt dieses tiefschwarze Bier sehr respektvoll ins Glas, erhält zur Belohnung einen dicken, cremigen Schaum. Düfte von Feigen, Karamell und Vanille werden vom Geruch nach Schokolade, gegrilltem Fleisch und schwachem Rauchduft eingefangen. Sie vermählen sich in der Nase mit der Würze des Lammfleisches und dem markanten Duft von Rosmarin. Die eindrucksvolle Aromenharmonie setzt sich am Gaumen fort. Die Wahrnehmung wird mit Dörrobstnoten erfüllt, erreicht so ihren Höhepunkt, der langsam und elegant abklingt. Die weiche, geschmeidige Struktur des Biers verbessert das Feingefühl für die Aufnahme der Speise. Bratengeschmack und Röstmalznoten pflegen ein freundschaftliches Zusammenspiel zugunsten der Genießer.

Hirschsteak mit Pilzsoße und Preiselbeeren – Hofstettner Granitbock (AT)

Aus dem „Bierviertler“ Urgestein **Granit** kommt das weiche Wasser für die köstlichen Spezialitäten der Privatbrauerei Hofstetten. Dass dieses Bier den Namen Granit in sich trägt, wird nicht nur mit dem Ursprung des Wassers erklärt, sondern weist auch auf einige ganz ausgefallene Produktionsschritte hin. Der Granitbock wird in alten, offenen Granitbottichen vergoren und hat dort Zeit, Informationen aus der Millionen Jahre währenden Geschichte des Urgesteins aufzunehmen. Noch ein aufregender Vorgang: Mit glühenden Granitsteinen wird die Würze erwärmt. Dadurch werden Zuckeranteile der Würze karamellisiert und somit beste Voraussetzungen für den Beginn des Gärprozesses geschaffen. Die offene Gärführung lässt ein Bier mit Reifecharakter entstehen. Dieses Bier kann, so wie früher, nur in der kalten Jahreszeit gebraut werden, da bei den Granitsteintrögen die Temperatur der Würze von der Umgebungstemperatur abhängt. Bis zur Wildsaison im Herbst ist das Bier trinkbereit und bereit für die Kombination mit edlen Speisen.

Hirschfleisch, Waldpilze und Preiselbeeren harmonieren miteinander. Sie wachsen auch auf einem gemeinsamen Boden. Hat man Lust auf intensive Aromen, sehnt man sich vielleicht nach einem saftigen Hirschsteak. Der Granitbock soll das Spiel beruhigen. Er zeigt selbst geschmackliche Intensität, ohne die Aromen des Wildes zu zerstören.

Kombi NOTIZ

Mit seinen dunkelbraunen bis rötlichen Tönen passt der Granitbock in das herbstliche Farbenspiel der Natur. Auch der Teller fügt sich harmonisch ins herbstliche Bild. Eine fruchtig-malzige Nase mit feinem Bratäpfelduft macht sich breit. Hirsch, Pilze und Beeren gehören einfach dazu. Dann dichter Karamellgeruch vom Bier. Wir trinken an. Am Gaumen dominiert vorerst die fruchtige Süße von Rosinen, dann setzt sich der karamellige Malzgeschmack durch. Er bleibt lange erhalten, der Nachtrunk schließt mit einem weichen, floralen Hopfengeschmack. Der Bock ist ein sehr vollmundiges Bier, das eine ihm eigentümliche Röstnote schön entfaltet. Der Geschmackseindruck der Speise wird mit dieser Bierkombination auf ein völlig neues Niveau gebracht.

Schweinsfilet in Pfefferrahmsoße – Schönramer Gold (DE)

Die Bezeichnung „flüssiges Gold" für ein Bier kommt nicht von ungefähr. Schon beim Mälzen wird die Farbgebung des Biers beeinflusst. Eric Toft, der Schönramer Braumeister ist wahrlich ein Meister seines Faches. Er hat schon einige Biere gebraut, die hohe Auszeichnungen errungen haben.

Kombi NOTIZ

Der Trinkfluss dieses Biers wird dem Begriff „flüssiges Gold" gerecht. Im Duft Honignoten, gefolgt von edlem Malzgeruch. Die Kombination mit dem anregenden Duft eines gut gebratenen Schweinefilets ist herrlich. Die Bierempfindung im Mund ist sehr schön rund. Ein voller Geschmack mit eleganter Süße und einer frischen Hopfennote im Nachtrunk ist perfekt. Das passt wiederum hervorragend zu dem weichen Biss des zarten Fleisches. Die Balance von Malz- und Hopfengeschmack ist ausgewogen. Die Vollmundigkeit des Biers verlängert den Geschmack der Soße und macht die pfeffrige Würze angenehm. Die saftigen Fleischstücke geben ihre Aromen geradlinig an die Geschmacksknospen ab, die durch das Bier gut vorbereitet wurden. Das Bier wird durch die Speise noch süffiger.

Wer diese Köstlichkeit aus Schönram bereits einmal zu einer Speise mit einer würzigen Soße probiert hat, wird einem Wiederholungsversuch kaum widerstehen können.

Lammragout – Freistädter Rotschopf (AT)

Wie geschaffen für die Kombination mit einem Bier: Lamm in der beliebten Zubereitungsart mit viel frischem Gemüse, feinen Kräutern und Gewürzen. Aber nicht jedes Bier kann das fulminante Erlebnis, das durch eine Aromenzusammenführung entsteht, evozieren. Wir suchen ein Bier mit leichten

Karamellaromen und schön eingebauter Bitternote. Man findet immer mehr rote Biere im Angebot. Die schöne Farbe kommt meist von einem Melanoidinmalz. Es färbt das Bier schön und gibt ihm einen feinen, röstigen Charakter. Rauchige Aromen harmonieren ebenfalls mit Lammfleisch. Kurz gebraten oder in Verbindung mit würzigen Soßen können elegante „Rotbiere" selbst eingefleischte Weintrinker überzeugen. Die Braukommune in Freistadt braut seit kurzem einen köstlichen „Rotschopf".

Kombi NOTIZ

Ein herber Duft von Beerenfrüchten wird von Kräutern umspielt. Der cremig-weiche Körper gibt dichte Malzaromen frei. Eine vom Röstmalz herrührende Bittere erinnert ein wenig an Schokolade. Ein Bier mit Festcharakter.

In **Freistadt**, das, strategisch günstig, an einem alten Salz-Handelsweg liegt, hat Bier wohl schon seit Langem große Bedeutung. Im Mittelalter musste man Handelsreisende vor allem gut mit Speis und Trank versorgen. Dann blieben sie eine Zeit lang in der Stadt und boten ihre Waren feil. Die Besitzer der 149 Freistädter Bürgerhäuser haben sich 1770 zusammengetan, ein Grundstück gekauft und eine Brauerei gebaut. Die Einlagen der jeweiligen Häuser wurden in Eimern Bier bemessen (1 Eimer = 56 l Bier) und so gerecht aufgeteilt. Deshalb haften die Besitzanteile der Brauerei nicht an Personen, sondern an den Liegenschaften. Wir sprechen von der einzigen Braukommune Europas, ja sogar vom einzigen Betrieb der als offiziell eingetragene Wirtschaftsform eine Kommune ist. Wer ins „Bierviertel" kommt sollte sich die Brauerei anschauen. Während der Führung beeindruckt vor allem der alte Malzboden.

Kalbssteak mit Spargel und Champignons – La Trappe Tripel, Trappistenbier (NL)

Ist Bier nicht ein bisschen robust für den fein-eleganten und oft noch milchigen Geschmack von Kalbfleisch? Nein, mit Erfahrung und Fingerspitzengefühl findet der Biersommelier auch hier die passende Kombination. Zum Beispiel das Trappistenbier des Klosters La Trappe in Koningshoeven, Tilburg, Holland. Man reicht es zum festlichen Mahl in großen 0,75 l-Flaschen. Das Gefühl gemeinsamen Genusses beeinflusst die Sinnesrezeptoren. Bei dieser Paarung sollte man das feinste Tafelsilber, schönes Porzellan und edle Bierpokale zum Einsatz bringen. Der festliche Charakter wird damit hervorgehoben. Die Gäste essen und trinken von sich aus langsamer. Das Sich-Zeit-nehmen führt zum bewussten Hochgenuss. Hochwertiges Essen mit niveaugleichem Bier zu kombinieren erhält die Freude am Leben.

Kombi NOTIZ

Schäumend ergießt sich die goldorange Flüssigkeit in den Pokal. Ein dicker, cremiger Polster festigt sich und türmt sich über den Glasrand. Fruchtige Noten von grünem Apfel und etwas Honig eröffnen den Duftreigen, gefolgt von blumig-würzigen Gerüchen, spielen am Gaumen mit dem markanten Geschmack des Spargels. Dann treten Koriander, Gewürznelken und Pfeffer an der Seite von Karamellnoten hervor. Das passt bestens zu den Pilzen. Ein wärmendes Gefühl im Nachtrunk zeigt die alkoholische Stärke des Biers. Die Aromenintensität ist gerade so groß, dass auch das Kalbssteak schön zur Geltung kommt.

Wildschweinrücken im Malzbiersud – La Chouffe blonde (BE)

Diese Kombination zeigt, wie gut dunkles Fleisch mit dunkler Soße mit einem hellen Bier harmonieren kann. Beim Zusammenspiel von Aromen sind Probierfreude und Forschergeist gefragt. Da jeder Mensch seine eigenen Geschmackswahrnehmungen hat, sollte man ständig nach neuen Genüssen Ausschau halten.

Der Wildschweinrücken kann einen Tag lang in dunkles Bier gelegt werden. Fleischgeschmack und Konsistenz werden dadurch voller und geschmeidiger. Das in der Soße enthaltene Bier stärkt die Fleischaromen. Sicher könnte auch ein dunkles, malzaromatisches Bier die Speise fein abrunden. Der Versuch mit einem hellen Bier aus Belgien ist aber auch für andere helle, kräftig-aromatische Biere nachahmenswert. Das La Chouffe blonde der Brasserie d'Achouffe ist eine feine belgische Spezialität, die unfiltriert bleibt und nicht pasteurisiert wird. Strong Golden Ale, so nennt sich dieser Biertyp. Er zeichnet sich durch einen höheren Alkoholgehalt (8 % Vol.), eine dichte Aromatik und eine feine, elegante Bittere aus.

Kombi NOTIZ

Die goldgelbe Farbe ist mit einem leichten Schleier belegt, der Schaum gestaltet sich üppig und in reinem Weiß. Ein ziemlich intensiver Hopfenduft duelliert sich mit dem Hefegeruch. Der Hopfen setzt sich durch und zeigt dahinter Düfte von frisch gepflückten Äpfeln und Birnen, frischt den markanten Wildschweinduft auf. Im Bier zunächst Gewürznoten, die sich in eine lange und anhaltende Bittere einbauen. Das Ganze endet in einem Nachtrunk, der an kräftigen Weißwein erinnert. Eine freundliche Geschmacksstruktur, die einen angenehmen Kontrast zum Wildcharakter des Fleischs bildet. Die Süße des Biers ist sehr moderat und lässt den vielschichtigen Geschmack gut erkennen. Der intensive Geschmack des Wildschweinrückens wird mit dem Bier gut abgefedert.

Filetspitzen Stroganoff – Sam Smith Nut Brown Ale (ENG)

Ein Gericht aus der klassischen Küche. Es ist recht würzig und ruft förmlich nach einem Bier. Die Rinderfiletspitzen sollten nur kurz angebraten sein, damit das Fleisch innen noch leicht blutig ist.

Kombi NOTIZ

Der leicht säuerliche Geschmack der Soße geht eine enge Verbindung mit den säuerlichen Noten des Biers, die vom Röstmalz stammen, ein. Der Pilzgeschmack des Gerichts harmoniert gut mit den Malzaromen. Der Fleischgeschmack, mit feiner Würzung versehen, nimmt die Dunkelmalzaromen des Biers freundlich auf und es entsteht ein neuer Gesamteindruck. Das aus England stammende Brown Ale hat tatsächlich die Farbe von dunklen Walnüssen. Der Schaum zeigt sich in hellem Haselnussbraun. Ein Duft nach geröstetem Kaffee hebt sich zart heraus. Ein nussig-süßer und auch malziger Geschmack legt sich auf die Zunge. An den Zungenrändern empfindet man eine leichte Säuerlichkeit, die kühlend und erfrischend wirkt. Das trockene Finale mit erkennbaren Hopfennoten gibt dem Bier ein starkes Rückgrat.

Gekochter Tafelspitz mit Apfelkren – Mohrenbräu Spezial (AT)

Zu Tafelspitz passt Grüner Veltliner, ohne Zweifel. Es gibt fast nichts Besseres zu der Wiener Spezialität. Fast. Probieren wir einmal ein Spezialbier der Vorarlberger Mohrenbrauerei aus Dornbirn.

Bei der Zubereitung des Tafelspitzes entstehen eine gute Rindsuppe und ein schmackhaftes Fleischgericht. Die Kombination wurde am Kaiserhof und auf Festtafeln des Adels serviert. In vielen Landesteilen ist Tafelspitz noch heute ein typischer Leichenschmaus. Dazu werden Kartoffeln und Semmel- oder Apfelkren (Meerrettich) serviert.

Kombi NOTIZ

Der Tafelspitz lässt, bedingt durch die schonende Zubereitung, einen feinen Fleischgeschmack spüren. Das helle, strohgelbe Spezialbier der Mohrenbrauerei bietet mehr als nur „Veltliner-Pfefferl“. Eine milde Kohlensäure streichelt die Geschmacksknospen und macht sie für die Aufnahme eines tieferen Geschmacksempfindens bereit. Der Malzgeschmack mit kerniger Struktur und die hintergründige Hopfenblume schaffen Platz für die Aromen der Speise.

Rumpsteak Surf'n Turf mit Bratkartoffeln – Wells & Young's Special London Ale (ENG)

Jedem Freund feiner Kulinarik wird bei dem geschmacklichen Feuerwerk, das diese Kombination auslöst, warm ums Herz. Schmackhaft würzige Garnelen treffen auf ein Rumpsteak und spielen mit ihrer aromatischen Vielseitigkeit und dem kräftigen Fleischgeschmack. Eine Gaumensymphonie, an Klasse kaum zu überbieten. Schon für die Zubereitung der Speise ist einiges an Kunstfertigkeit vonnöten: Gespür für die richtigen Gewürze, Erfahrung für eine weiche Konsistenz des Fleisches und punktgenaue Garzeit der Garnelen können dem Gericht noch zusätzlichen Glanz verleihen. Die Wertigkeit der einzelnen Zutaten wird bewusst erlebt. Das ausgesuchte Special London Ale der Brauerei Wells & Young's in Bedford, England zündet für dieses Feuerwerk an Geschmack noch weitere „Raketen“.

Kombi NOTIZ

Das goldene, bernsteinfarbene Bier mit festem Schaum hat einen Geruch von frischen Zitronen und Orangen. Ein Hauch von Gewürzen, reifem Steinobst und etwas Honig schimmert durch. Die Geschmacksdichte beginnt mit leicht süßen Früchten, im Hintergrund erkennt man das Aroma einer Banane. Zum angemessenen Anteil an würziger Säure treten nussige Malzaromen und eine pikant-würzige Bittere. Sie bleibt lange spürbar, klingt trocken aus. Dieses Bier hat zu Recht viele Auszeichnungen erhalten. Es schmeckt in Verbindung mit feinem Essen einfach am besten.

Wiener Schnitzel – Duvel Moortgat (BE)

Das Wiener Schnitzel gehört zu den bekanntesten Gerichten in ganz Europa. Der zarte Geschmack des feinen Kalbfleischs, das in einer Hülle aus Mehl, Eiern und Semmelbroseln in reichlich Schmalz herausgebacken wird, ist äußerst beliebt. Was trinkt man zu Wiener Schnitzel? Ein Sommelier-Kollege behauptete: Eine Riesling-Spätlese wäre eine gute Empfehlung, Bier sei billig und man könne es höchstens bei Tiefkühlschnitzel aus der Fritteuse einsetzen.

Dass das empfohlene Duvel tatsächlich günstiger ist als eine gute Riesling-Spätlese, ist für die Genießer eine gute Sache. Es kostet zwar das Dreifache eines Märzenbiers, Genießer eines guten Tropfens wissen aber, dass Genuss auch seinen Preis hat.

Kombi NOTIZ Das belgische Duvel aus der Brouwerij Moortgat ist ein Bier, das auch eingefleischte Weinfreunde verzückt. Das sehr helle, mit Pilsner Malz gebraute Strong Ale trinkt man am besten gut gekühlt. Seine 8,5 % Vol. Alkohol fallen dann nicht so stark auf. Sein Markenzeichen: ein weißes Schaumgebirge. Der Duft nach tropischen Früchten (Passionsfrucht) schwebt über dem Glas. Die Fülle beeindruckt ebenso wie der feine Geschmack nach Malz und Getreide. Die elegant-würzige Hopfennote bewirkt einen sehr trockenen Abtrunk. Die Kombination mit dem Wiener Schnitzel lässt das Duvel noch süffiger und leichter erscheinen.

Geflügel und Bier

Kombinationen von Geflügel und Bier kennt man vom Grillen. Gibt man Bier auf das Grillgut, verschließen sich die Poren, der Fleischsaft bleibt enthalten, was den Geschmack verfeinert. Verwendet man dunkles Bier für diese Behandlung, wird die Haut des gegrillten Geflügels knuspriger, ihre Farbe noch intensiver. Noch ein Tipp: Marinieren Sie das Geflügel in mit frischen Gartenkräutern und Gewürzen angereichertem Bier. Damit die Biermarinade gut einwirken kann, sollte man das Ganze einen Tag lang kühl stehen lassen. Diese Methode ist von alters her überliefert. Sie wurde wohl deshalb entwickelt, weil man früher auch ältere Tiere zubereiten musste. Das Fleisch nimmt Aromastoffe auf, zu feste Konsistenzen werden durch die im Bier enthaltene Kohlensäure in eine dem Verzehr zuträgliche Form verwandelt. Dunkle, malzaromatische Biere, aber auch dunkle Weißbiere sind besonders gut für diese Art des Marinierens geeignet.

Viele Geflügelarten werden gerne verspeist: Huhn, Pute, Ente, Gans, Wildgeflügel. Heute werden vorwiegend junge Tiere verarbeitet. Das alte Suppenhuhn von früher ist nur mehr eine Legende. Früher wurden auch Krammetvögel (Wacholderdrosseln), Auerhähne, Schnepfen und Lerchen gejagt und landeten auf dem Küchentisch. An Festtagen standen sogar Schwäne und Pfaue auf dem Speisezettel. Mit Sicherheit war damals auch Bier im Spiel. Entweder in der Rezeptur oder als erfrischender Trunk.

Geflügel – leicht und bekömmlich

Geflügelfleisch hat einen niedrigen Fettgehalt. Es enthält wichtige Vitamine und Mineralstoffe, ist nicht zu geschmacksintensiv und erfreut meist mit einer leichten, angenehmen Süße (deshalb wird Geflügelfleisch auch gerne für Fast-Food-Gerichte verwendet). Setzt man Bier in Kombination mit Geflügelgerichten ein, sollte man auf den Fettgehalt des Fleisches achten. Zubereitungsart, Würzung, Tageszeit und Anlass sind für die Auswahl des richtigen Biers maßgeblich. Als Grundregel gilt: Je heller das Fleisch, desto heller das Bier. Wird jedoch das Geflügel mit einer dunklen Soße serviert, so dominiert diese den Hauptgeschmack der Speise und man kann auch ein malzaromatisches, dunkles Bier dazu reichen. Ist der Fettgehalt niedrig, empfiehlt man ein

Bier mit mittlerem Körper. Je deftiger die Speise, desto kräftiger und aromatischer sollte das Bier sein. Fällt die Würzung sehr pikant aus, dann nimmt man ein hopfenaromatisches Bier. Es neutralisiert die Schärfe, wirkt ausgleichend. Das Spiel mit den Aromen ist eine lange, fast unendliche Geschichte.

Grillhendl (Grillhuhn) mit Bratkartoffeln – Budweiser Budvar (CZ)

Ein Sommertraum: Am Holzkohlengrill wird das Grillhendl knusprig, rauchiger Duft mit dem Aroma gegarten Fleisches steigt auf. Unweigerlich steigert sich meine Lust auf genussvolles Speisen. Im belebten Gastgarten herrscht gesellige Stimmung. Die Speicheldrüsen in meinem Mund reagieren auf alle Sinneseindrücke, egal ob sie vom Auge oder dem Ohr, von der Fingerspitze oder der Nase empfangen wurden. Die Folge: Das Wasser läuft mir im Mund zusammen. Ich kann es kaum erwarten den ersten Bissen zu schmecken. Jetzt fällt der Blick auf ein gut gezapftes Bier mit einer überdimensionalen Schaumkrone. Sinnlose Zeitverschwendung sich darüber Gedanken zu machen, welches Bier am besten zum Grillhendl passt. Mein Gaumen ist trocken, meine Sehnsucht nach dem geliebten ersten Schluck Bier steigert sich ins Unermessliche. Endlich ist es soweit. Das Tablett mit frisch gezapften Bierkrügen bietet einen genüsslichen Anblick. Meine Hand erreicht einen Krug Budweiser, ein kurzes Prost mit der Tischgesellschaft und das kühle Bier erfrischt die Kehle. Und meine Seele. Ich schließe die Augen, bin ganz konzentriert: Der wundervolle Geschmack des knusprigen und doch saftigen Grillhendls kommt in Kombination mit der süßlichen Malzaromatik des Biers noch besser zur Geltung. Die Weichheit des Biers mit seinen leicht brotigen Malznoten wird durch eine perfekte Balance mit feinen Hopfentönen elegant verstärkt.

Ich wache auf. Durstig und mit Heißhunger. Draußen regnet es und ich gehe in das einzige noch offene Lokal. Ich sitze in einem bunten Raum mit Holztischen und Plastikstühlen. In einer aufgeklappten Pappschachtel liegt einsam ein blasses Etwas. Es riecht nach Karton, daneben steht eine braune, extrem süße Flüssigkeit. Wie sehr sehne ich mich nach meinem geliebten Wirtshausgarten!

Hühnerfilet in Weißbiersoße – Rieder Helle Weiße (AT)

Auch die Österreicher können Weißbier brauen – nicht nur die Bayern. Oberösterreich ist das Bundesland mit den meisten Braustätten der Alpenrepublik. Eines der besten österreichischen Weißbiere kommt aus Ried im Innkreis. Im Innviertel findet man viele ausgezeichnete Brauereien. Weißbier wird aber nicht nur in an Bayern grenzenden Gebieten immer beliebter. Auch im heimischen Binnenland mag man Weißbiere mehr und mehr. Das liegt sicher auch daran, dass sich Weizenbiere sehr gut mit Speisen kombinieren lassen. Und daran, dass immer mehr Frauen auf ein gutes Weißbier schwören. Weißbier eignet sich auch gut zum Kochen. Es ist aber Vorsicht geboten, weil sich Bier beim Kochvorgang stark verändert. Kohlensäure, leicht flüchtige Aromen und Alkohol entweichen, Malzgeschmack und Bittere bleiben übrig. Kocht man das Bier zu sehr auf, wird die Bittere kratzig und unangenehm. Das gilt besonders für Weißbier, obwohl fast alle Weißbiere sehr mild gehopft sind. Weißbier sollte daher erst zum Schluss in die Soße kommen. Dann verfeinert es ihren Geschmack und auch den der Hühnerfilets. Dass man das gleiche Bier dazu auch trinkt, ist selbstverständlich.

Kombi NOTIZ

Aus der Bügelverschluss-Flasche kommt das helle, gelborange Weißbier. Es verströmt einen intensiven Duft nach Zitrusfrüchten, Gewürzen und Bananen. Eine bemerkenswerte milde Fruchtnote am Gaumen setzt den weichen Bierkörper in Szene. Die Kohlensäure wirkt belebend und umrahmt den würzig-süßen Geschmack. Wir finden ihn auch in der Soße wieder, spüren wie die Fruchtigkeit des Biers mit dem Geschmack des Hühnerfleisches harmoniert.

Ente vom Grill mit Knödel und Rotkraut – Münchner Hofbräu Oktoberfestbier (DE)

„D'Wiesn" – wie das größte Volksfest der Welt genannt wird – zieht jährlich ca. 6 Millionen Menschen nach München. Genauso viele Maß (= 60.000 hl) Oktoberfestbier werden dort genossen. Dieses Fest gibt es schon 200 Jahre. Früher wurden die eingelagerten Märzenbiere zur Festbierzeit aufgebraucht. Heute werden für die Festzeit Biere mit außergewöhnlicher Charakterstärke eigens eingebraut. Die Münchner Brauereien Spaten-Franziskaner-Bräu, Augustiner, Paulaner, Hacker-Pschorr, Löwenbräu und Hofbräu sind auf dem Oktoberfest mit ihren Zelten vertreten.

Kombi NOTIZ

In leuchtendem Strohgelb, würzig duftend und mit einem einprägsamen Geschmack präsentiert sich das Münchner Hofbräu Oktoberfestbier. Es schmeckt vollmundig und hat eine feine Hopfenbittere. Die 6,3 %Vol. Alkohol sind im Antrunk, der sich frisch und spritzig zeigt, kaum erkennbar. Seine trinkanimierende Wirkung führt zur zweiten, dritten Maß. Das wiederum verursacht Verhaltensveränderung bei den Festbesuchern. Vor allem, wenn sie sich eher nur flüssig ernähren. Es ist daher zu empfehlen, eines der bayerischen Traditionsessen zu genießen. Die Ente vom Grill mit Knödel und Kraut bietet eine gute Unterlage für einen ausgiebigen Trunk. Der kräftige Geschmack der Ente geht mit dem würzigen Biergeschmack eine Verbindung ein, die als sehr angenehm empfunden wird. Die süßlichen Aromen des Rotkrauts runden das Ganze ab.

Gänsebraten mit Kartoffelknödel und Kraut – Westmalle tripel, Trappist (BE)

Viele Genießer können das traditionelle Martinigansl vom 11. November kaum erwarten. Auch zu Weihnachten findet man die Gans auf den Speisekarten. Der Vogel ist ein richtiger Festschmaus, etwas, das man nicht alle Tage isst. Die Art der Zubereitung wechselt nach regionaler Tradition. Ob die Gans mit Äpfeln, Dörrzwetschken oder Kastanien gefüllt und gebraten wird, ob sie mit Knödeln, Sauerkraut, Rotkraut oder Apfelmus serviert wird, fast immer wird Wein zur Begleitung gereicht. Kräftiger, aromatisch-extraktsüßer Rotwein wie ein Amarone della Valpolicella kann mit seiner Wuchtigkeit dem Gänsebraten entsprechen. Kann da auch ein Bier bestehen? Ein Märzenbier würde sich schwer tun. Auch Weizenbiere verlieren durch die Aromendichte des Gänsebratens ihren Glanz. Wenn wir uns auf die Herkunft des Brauchtums besinnen, stoßen wir unweigerlich auf die kulinarische Geschichte der Klöster. In Herrschaftshäusern hat sich Wein gegenüber dem Bier durchgesetzt, in Klöstern hatte das Bier schon immer einen hohen Stellenwert. Klosterbrauereien stellen bis heute wohlschmeckende Bierspezialitäten her. Die Biere der Trappistenklöster haben Weltgeltung. Ein Bier wird in Belgien als „Mutter aller Triples" bezeichnet: jenes aus dem Trappistenkloster Westmalle.

Kombi NOTIZ

Goldgelbe, sonnig leuchtende Farbe erscheint im Glas. Darüber ein voluminöser, dichter, weißer Schaum. Die Nase ist lebendig, zeigt von Anbeginn den Aromenreichtum dieses Biers. Es ist zuerst zitrusfruchtig, dann leicht herb und würzig mit einer eleganten Hopfennote. Auch der Geschmack ist reich an Finesse. Das Triple ist mild und cremig im Mund und hat einem herrlich langen Abgang. Diese Bierspezialität lässt durch ihre Aromenvielfalt den Gänsebraten in neuen Geschmacksdimensionen erscheinen.

Backhendl (Backhuhn) mit Kartoffelsalat – Zwettler Original (AT)

Ein Gericht aus der Wiener Küche, das schon in der Biedermeierzeit Bürgern und Aristokraten gemundet hat, erlebt immer wieder eine Renaissance. Zum Backhendl, dem Inbegriff feiner Wiener Küche, serviert man traditionell einen lauwarmen Kartoffelsalat. Das Geflügel wird ohne Haut in Mehl, Eiern und Semmelbröseln paniert und in Butterschmalz gebacken. In Wien trinkt man zum Backhendl auch Wein. Das Bier, das in Wien liebevoll „Sechzehner-Blech" genannt wird und aus der Ottakringer Brauerei stammt, findet man eher an den Würstelständen. Ein anderes Bier, das es mit Wein durchaus aufnehmen kann, kommt aus dem Waldviertel.

Kombi NOTIZ Das Zwettler Original hat eine helle, goldgelbe Farbe und einen flauschigen, festen Schaum. Es kommt einem Pils sehr nahe. Die feine Malzstruktur, das wohlgeformte Hopfenaroma und die gut abgestimmte Kohlensäure wirken sehr solide. Diese Komponenten bilden die Basis für seine Kombination mit dem Wiener Backhendl. Sein trockener Abgang, der hopfige Akzente hinterlässt, macht Lust auf ein zweites Glas.

Ente süßsauer mit gebratenen Nudeln – Girardin Faro (BE)

Asiatische Küche in Kombination mit Bier, dieses weite Feld zu erkunden macht Spaß. Es ist auch sehr interessant, asiatische Biere zu verkosten. Fernöstliche Biere schmecken eher mild, das macht sie leicht trinkbar. In einem feuchtwarmen Klima können diese Biere wunderbar erfrischen, sie sind zudem sehr bekömmlich und brave Partner würziger asiatischer Speisen. Sensationen entstehen eher durch dic Kombination von einem ausgefallenen Bier wie dem belgischen Faro und süßsaurer Ente. Um an so ein Produkt heranzukommen, braucht man etwas Geduld. Internetshops haben jüngst damit begonnen, einen Markt für Bierspezialitäten aufzubauen.

Faro nennt man ein belgisches Lambic-Bier. Es wird spontan vergoren, also ohne Zugabe von Reinzuchthefe und ist mit Kandiszucker angereichert.

Kombi NOTIZ Helles Bernstein und ein seidig glatter Schaum beeindrucken das Auge. In der Nase treffen Duftaromen von Kirsche, Karamell und Kernobst aufeinander. Ein aufregendes Wechselspiel der Düfte setzt ein. Sind es gerade noch Apfel- und Birnennoten mit mostigem Charakter, so riecht man plötzlich einen sauren Essigduft mit einem Hauch von Himbeeren. Der Geschmack beeindruckt mit seinem Auf und Ab von Süße- und Säureempfindungen. Lager-Untertöne nach Holz, Erde und Schweiß gesellen sich dazu, versetzen die Geschmacksknospen in Wachsamkeit. Das ist das Signal dafür, mit dem Essen zu beginnen. Die Rezeptoren wurden vom Bier gut vorbereitet! So erlebt die Geschmackswahrnehmung einen enormen Tiefgang. Das ist unglaublich faszinierend. Die exotischen Gewürze der Speise harmonieren herrlich mit den süßsauren Aromen des Biers.

Putenbrust mit Mango in Sesamkruste – Franziskaner Hefe-Weißbier (DE)

Es muss nicht immer Weißwurst sein (oder der in Bayern so beliebte „O'batzte"). Dass Weißbier in der Kombination mit Speisen universell einsetzbar ist, liegt am vielschichtigen Geschmack, an der fruchtigen Süße, an seiner Frische und edlen Eleganz.

Das war nicht immer so. In Böhmen waren **Weißbiere** schon im 16. Jahrhundert beliebt. Auch im benachbarten Bayern setzten sie sich bald durch. Das Geschlecht der Degenberger hatte das Privileg, nördlich der Donau Weißbier herzustellen. Für andere Brauereien war das Weißbierbrauen verboten, der Weizen sollte zum Brotbacken verwendet werden. Es ist zu bezweifeln, dass dieses Verbot lückenlos befolgt wurde. Ein Graf von Degenberg hatte keine Nachkommen, daher fiel das Recht des Weißbierbrauens an den bayerischen Herzog Maximilian. Das sogenannte Weißbiermonopol war für den bayerischen Landesherrn eine sichere Geldquelle und trug wesentlich zur Finanzierung seines Haushalts bei.

Weißbiere von damals haben sicher ganz anders geschmeckt. Zum Bierbrauen wurden oft nicht die besten Getreidequalitäten verwendet, der Geschmack war wohl eher dürftig. Eine Scheibe Zitrone im Bier sollte fruchtige Defizite ausgleichen. Für heutige Weißbiere ist das nicht mehr notwendig. Im Gegenteil. Ein ordentliches Bräu wird in seiner Harmonie durch so eine Zugabe empfindlich gestört. Auch das Reiskorn, das

man früher ins Weißbier gab, sollte ausgedient haben. Die heutige Technik lässt eine genaue Einstellung des Kohlensäuregehalts zu, der dem Bier die angenehme Frische verleiht. Die hohen, schlanken Gläser mit ihrer Ausweitung nach oben sind ideal für die Erhaltung des Frischegeschmacks. Kohlensäurebläschen beleben das Bier auf ihrem Weg vom Glasboden an die Oberfläche. Ein würdiger Vertreter bayerischer Weißbiere ist das Franziskaner Hefe-Weißbier aus München.

Kombi NOTIZ

Eine goldorange Flüssigkeit und ein üppiges Schaumgebilde leuchten aus dem Franziskaner-Glas. Eine Duftmischung von Banane, Gewürzen und blumigem Hopfen erreicht die Nase. Der Antrunk ist spritzig mit einer leichten, exotischen Süße und würzigem Charakter – was für ein ausgewogener Geschmack! Der lange, fruchtige Abgang klingt trocken aus. Unaufdringlicher Körper. Ein hoher Genuss entsteht durch die Kombination der aus dem Weißbier strömenden Mangoaromen mit dem Geschmack des Putenfleisches. Feine Nuancen der Bittere verbinden sich, erzeugen ein edles Geschmacksgefühl im Mund.

Warmer Entenbrustsalat mit Bieressig – Andechser dunkles Weißbier (DE)

Bieressig ist ideal für das Würzen einer Speise. Sein mildes Aroma und seine moderate Säure machen ihn bekömmlich und universell einsetzbar. Tröpfelt man etwas Bieressig auf die Haut der Entenbrust, wird der knusprige Geschmack noch verfeinert. Man kann Bieressig auch leicht selbst machen. Wenn man etwas Bier in eine Schüssel gibt und warm stehen lässt, entsteht nach einer Zeit Essigflora. Gibt man diese in ein Essiggefäß mit Essigmutter und nach und nach immer wieder Bier dazu, bekommt man seinen eigenen Essig. Die Qualität einfacher hausgemachter Essige kann sich vielleicht nicht mit der eines Spitzenproduktes messen, aber mit etwas Spielerei und Glück kann etwas Feines gelingen. Für die Bieressigerzeugung werden gerne Bockbiere verwendet. Aus einem körperreichen Bier mit hohem Vergärungsgrad erzielt man eine dichte Geschmacksstruktur. Die Aromen des Bieressigs sind für eine Salatmarinade bestens geeignet. Als korrespondierendes Getränk drängt sich ein dunkles Weißbier geradezu auf. Die Wahl fällt auf eine Bierspezialität aus Andechs am „Heiligen Berg Bayerns".

Kombi NOTIZ

Ein dunkles Kastanienbraun mit rubinroten Reflexen und ein elfenbeinfarbener, fester Schaum machen Eindruck. Im Duft Erinnerungen an exotische Früchte, dunkle Beeren und Karamell. Auf der Zunge machen sich fruchtige Noten von der Banane breit. Sie verschmelzen mit brotigen Tönen. Etwas Würze tritt im Hintergrund auf, gibt schließlich den Geschmack von Nüssen preis. Die Röstmalznote ist gut spürbar. Sie bildet die Brücke zu den Essigaromen des Salates, lässt das Fleisch noch weicher erscheinen. Die Aromastruktur des dunklen Weißbiers ist nicht zu impulsiv. So kann der Geschmack der Speise bewusster erlebt werden.

Fasan im Speckhemd – Ottenbräu 1348 dunkles Lager (DE)

Die Kombination von Wildgeflügel und Bier klappt vorzüglich. Dennoch wird in den meisten Restaurants mit hoher Wahrscheinlichkeit Rotwein zur Begleitung wilder Vögel angeboten. Fasan wird gern mit Speck zubereitet, das Fleisch des Federviehs ist fettarm. Man braucht aber Fette als Geschmacksträger. Speck liefert obendrein zusätzliche Geschmackskomponenten. Die Gerbstoffe des Rotweines zerlegen diese Aromen und machen ihn zu einem brauchbaren Begleiter. Ein dunkles Bier hat, neben allen Eigenschaften, die der Wein bietet, weitere Möglichkeiten. Die Kohlensäure und vielschichtige Würzeanteile verlängern die Geschmacksempfindung.

Bierwissen

Dunkle Biere wurden früher meist nicht so hoch vergoren, deshalb stand der süße, malzige Geschmack oft im Vordergrund. Man findet diese süßen Vertreter (die auch als „Schwangerenbiere" ausgelobt wurden) immer seltener. Die Rezepturen dunkler Biere beinhalten heute oft mehrere Hopfengaben und die Hefe vergärt fast den ganzen vorhandenen Malzzucker. Wir finden heute viele besonders köstliche dunkle Biere, die mit breiter Aromenvielfalt begeistern, welche von ausgeklügelten Malzmischungen herrührt, aber alles andere als süß schmecken. Das kleine Ottenbräu im bayerischen Abensberg braut so ein sensationelles, dunkles Lager.

Kombi NOTIZ

Dunkles Kastanienbraun leuchtet geheimnisvoll aus dem Glas. Darüber erhebt sich ein cremefarbener Schaum. Malzduft mit einer zarten Beerenfrucht ist erkennbar, dann folgen würzige Kräuter- und Schokoladenoten. Ein weicher Antrunk bietet ein Geschmackserlebnis, das vom Karamellgeschmack ausgeht. Der Geschmacksbogen spannt sich weiter, über Schokolade- und Röstmalznoten bis hin zu hopfigen Bitternoten. Ein letzter Eindruck von herben Kräutern beschließt den Reigen. Die Aromen des Biers halten sich auffallend lange. Sie verbinden sich weich und angenehm mit dem Geschmack der Speise und geben sogar der Preiselbeer-Birne eine besondere Note.

Gänseleberpastete – Achel extra, Trappistenbier (BE)

Für diese Kombination braucht man unbedingt etwas Ruhe. Aber lässt man sich auf diese Paarung ein, so erlebt man nicht weniger als eine geschmackliche Revolution.

Bierbrauen wurde in Europa stark von den Klöstern beeinflusst. **Trappistenbiere** müssen innerhalb der Mauern eines Trappistenklosters gebraut werden. Das ist streng reglementiert. Gegenwärtig gibt es sieben Trappistenbrauereien: eine in Holland und sechs in Belgien. Seit 2009 gibt es Verhandlungen für eine achte Trappistenbrauerei – in Österreich. Das Stift Engelszell an der Oberösterreichischen Donau ist im Gespräch. Die Klosterregeln sind streng, man nennt Trappisten „Schweigemönche". Die heute so beliebten Trappistenbiere entwickelten sich dank der Naturverbundenheit der Mönche und ihrer Experimentierfreude am Braukessel. Trappistenbiere sind stärker eingebraut, um nahrhafter zu sein. Die sättigenden Bierspenden der Klöster an die arbeitenden Menschen auf den Feldern haben so manche Hungersnot gelindert. Die Mönche erkannten früh, dass Bier eines der reinsten Getränke ist und gaben ihm den Vorzug gegenüber dem oft verunreinigten Wasser. Die Reinheit kommt vom Abkochen der Maische, dabei werden sämtliche Keime abgetötet. Ob die Rezepturen heute noch den früheren gleichen, ist fraglich. Es haben sich mit der Zeit Anbaumethoden für Getreide und Hopfen verändert und damit auch der Geschmack. Auch die Hefen sind nicht mehr die alten, nur das Wasser stammt immer noch aus klostereigenen Ressourcen. Der Einsatz von Trappistenbieren zu feinem Essen ist von den Klöstern sicher auch schon früher betrieben worden.

Die Trappistenbrauerei im Kloster Achel in der belgischen Provinz Limburg ist die kleinste der sieben Brauereien. Das Achel extra gibt es nur in 0,75 l-Flaschen. Wer schon einmal eine gute Beerenauslese zu einer Gänseleberpastete versucht hat, wird bestätigen, dass diese Weinbegleitung „etwas hat". Man kann dieses eindrucksvolle Geschmackserlebnis mit der Kombination von Gänseleberpastete und Achel Extra noch deutlich steigern.

Kombi NOTIZ

Ein sattes Rotbraun gießt man aus der Flasche in den vorbereiteten (nicht mit Wasser ausgespülten!) Bierkelch. Ruhig legt sich die Flüssigkeit ins Glas, darüber wächst ein beigefarbener, fester Schaum. Eine schwere Hefewolke beginnt, sich in die Nase zu heben, gibt den Duft von getrockneten Zwetschgen und Kirschen frei. Das Bier ist süß, hat einen dichten Karamell-Malzgeschmack. Getrocknete Früchte, Rosinen und ein erdig-nussiger Ton tauchen auf, fügen sich geschmeidig in den wuchtigen Bierkörper. Eine milde Bittere beschließt den Geschmack eines „großen" Biers. Die Klaviatur des Geschmacks findet in Kombination mit einer Gänseleberpastete ganz neue Töne. Dieses Geschmackserlebnis bleibt unvergesslich und weckt den Drang nach Wiederholung.

Süßes und Bier

Château d'Yquem 1er cru supérieur bekommt man im Biergasthaus zwanzig Flaschen vom besten Honigbock der Brauerei Hofstetten. Aber der Preisvorteil ist uns hier gar nicht so wichtig. Entscheidend ist, dass Dessertbiere viel besser passen als Dessertweine.

Für manch fortgeschrittenen Bier-Aficionado die beste, in jedem Fall eine ausgezeichnete Kombination. Leider nahezu unbekannt bei Gastronomen. Die meisten Wirte denken nicht im Entferntesten daran, zu einer Süßspeise ein Bier zu empfehlen. Dabei passt Bier so ausgezeichnet zu Desserts. Wir leisten gerne Pionierarbeit und geben Antwort auf immer wieder an uns gerichtete Fragen: Was ist ein Dessertbier? Welchen Anforderungen muss es gerecht werden? Ist jedes Bier, das zu einer süßen Nachspeise passt, ein Damenbier?

Unter den weltweit über 120 verschiedenen Bierstilen gibt es viele, die gerade in Kombination mit süßen Speisen Sensationen auslösen können. Die bierigen Möglichkeiten sind weit größer als die weinigen. Dessertweine können ganz gut zu süßen Nachspeisen passen. Aber am Ende eines mehrgängigen Menüs kann so etwas zu klebrig, zu schwer, zu üppig sein. Ein Dessertbier hat nicht nur Süße, sondern auch Frische, eine gerade an diesem Punkt angenehme Bittere. Außerdem strapazieren selbst die wertvollen Dessertbiere die Portemonnaies der Genießer weit weniger als Hochprädikatsweine. Für den Vinothekenpreis einer Flasche

Dessertbiere bieten neben einer süßen Malznote noch eine Reihe anderer Geschmäcker. Einmal sind es deutliche Kräuteraromen, ein andermal Röstaromen mit Kaffee-, Kakao- oder Schokoladegeschmack. Wieder andere Biere schmecken fruchtbetont. Noch etwas, was viele nicht für möglich halten: Es gibt Biere, die man lange lagern kann. Sie entwickeln im Laufe der Zeit großartige Sekundäraromen. Manche Desserts lassen sich also bestens mit einem gereiften Jahrgangsbier kombinieren. Das Aroma gut gelagerter Jahrgangsbiere kann durchaus an Sherry oder Portwein erinnern.

Ein weiterer großer Vorteil, den Dessertbiere für sich verbuchen können, liegt in – oder besser haftet an – den Kohlensäurebläschen. Auf den feinen, oft grazilen Bläschen setzen sich Aromastoffe fest. Durch die viel größere Fläche der kleinen Kugeln gewinnen wir intensivere Wahrnehmungserlebnisse. Ein aromareiches Bier mit einer fein moussierenden Kohlensäure kann in Kombination mit den Süßaromen eines Desserts ein ganzheitliches Schauspiel der Geschmäcker verursachen.

Jeder Mensch hat seine eigene Wahrnehmung. Sie ist so individuell wie sein Fingerabdruck. Dementsprechend unterscheiden sich auch die Vorlieben. Aber unterscheidet sich der weibliche Geschmackssinn vom männlichen? Ja, durchaus. Frauen haben generell ein höheres Feingefühl, sie sind bei der Bierauswahl sensibler. Frauen gehen neugierig an die Sache heran, sie beweisen mehr Mut als Männer. Wenn Männer ihren Geschmack einmal getroffen haben, lassen sie kaum mehr davon ab. Da kann es schon vorkommen, dass ein helles Märzen und eine Nusstorte gemeinsam bestellt werden.

Die Kombinationen von Bier mit Speiseeis sind aufregender. Zitronensorbet mit Berliner Weiße schmeckt fruchtig-säuerlich und ist für heiße Sommertage eine willkommene Erfrischung. Eine Kugel Vanilleeis in einem Chocolate Porter der Meantime Brewery weckt die Lebensgeister schneller als jeder Eiskaffee. Wunderbar für den Entschluss den Sommernachmittag ruhiger anzugehen: ein fruchtig-süßes belgisches Kriek mit Amarena-Kirsch-Eis und etwas Rum.

Bieramisu – Proofbrouwery, Bloemenbier (BE)

Karl Schiffner hat das Bieramisu erfunden. Es ist ein beliebtes Dessert in seinem Biergasthaus. Biskuit wird in Pfirsichbier getränkt. Dadurch erhält es eine geschmeidige Konsistenz und einen fruchtigen Geschmack. Das belgische Bloemenbier ist ein mit Pfirsichsaft gebrautes Lambic. Die fruchtige Note des Bieramisu wird durch Zugabe von Pfirsichstücken unterstützt. Wegen seiner netten Verpackung aus mit Blumen bedrucktem Papier ist es ein beliebtes Geschenk, ideal für den Valentins- oder Muttertag. Denn dieses Bier ist wegen seiner komplexen Süße und dem auffallend weichen Bierkörper bei Frauen sehr beliebt. Bei einer Damenbier-Verkostung ging dieses Bier als Sieger hervor.

Kombi NOTIZ

Das Aroma überrascht etwas, da man den Blumenduft vorerst nicht findet. Es erinnert eher an ein fruchtiges Kompott mit Kräuterwürze. Erst etwas später tauchen zarte, blumige Aromen auf. Sie stammen von den im Brauprozess zugefügten Blumen und Kräutern. Das goldenorange Bier mit seiner leichten Trübung schmeckt am Beginn recht süß, wird aber zunehmend würziger. Die fruchtige Süße erscheint nicht übertrieben, am Ende kommt etwas Hopfenaroma zutage. Die Kombination mit dem Bieramisu überrascht mit einer willkommenen Stimmigkeit.

Crêpes Suzette – Schneider Aventinus Weizen-Eisbock (DE)

Die Crêpes (in Österreich „Palatschinken“) werden in einer Orangenlikörsoße flambiert und erhalten dadurch ein dominantes Aroma.

> Die Legende besagt: Um das Jahr 1890 hat ein Brauergeselle im oberfränkischen Kulmbach einige Fässer Bockbier in einer kalten Winternacht im Freien stehen lassen. Die Flüssigkeit aus einem geborstenen Fass ging verloren, wofür der Geselle eine tüchtige Tachtel empfing. Doch das Eis schmeckte vorzüglich... Das **Ausfrieren** war entdeckt. Mit diesem Verfahren kann man ein starkes Grundbier noch stärker machen. Auch im Jahr 2010 laufenden Match (wer braut das stärkste Bier der Welt?) zwischen Bayern und Schottland wird die Methode des Ausfrierens angewandt. Der Aventinus Weizen Eisbock der Brauerei Schneider im bayerischen Kelheim erreicht durch gesteuertes Ausfrieren einen Alkoholgehalt von 12 % Vol.

Kombi NOTIZ

Rötlichbraun, schon etwas dickflüssig, darüber ein hellbeiger Schaum, der sich aufgrund der Stärke zügig legt – so präsentiert sich diese Bierspezialität. Das würzig-schokoladige Aroma ist vom Duft exotischer Dörrfrüchte umgeben. Ein weicher Körper mit vollem Geschmack und feurigem Finale erfreut den Gaumen. Spürbar baut sich die Aromenvielfalt weiter auf, steigert das Verlangen nach den angekündigten Crêpes Suzette. Der exotische Dörrobst-Geschmack des Eisbocks harmoniert mit dem des Orangenlikörs. Um den Aventinus Weizen-Eisbock noch etwas konzentrierter schmecken zu können, kann man ihn in Likörgläsern und mit einer Trinktemperatur von 10 °C servieren.

Apfelstrudel mit Vanillesoße – Hochland Bio Honig Bock (AT)

Diese wahrlich feine Bierspezialität wird in der Brauerei Hofstetten, St. Martin im „Bierkreis" gebraut. Peter Krammers Plan, Lindenblütenhonig anstelle von Waldhonig zu verwenden, ist aufgegangen. Dieses Bier braucht keinen Vergleich mit hochwertigen Dessertweinen zu scheuen, zumal wenn es um die Kombination mit einer süßen Speise geht. Der Honigbock hat ein Lagerpotential von mehreren Jahren, zeigt aber schon in seiner Jugend sein Talent. Man optimiert die Geschmacksentfaltung durch das Öffnen der Flasche, eine Viertelstunde vor dem Genuss. Von der Brauerei wurde gemeinsam mit den Hochlandimkern ein spezielles Honigbierglas entwickelt. Es ermöglicht ein tieferes Empfinden der Aromen.

Kombi NOTIZ

Vorsichtig wird der Honigbock ins Glas geleert, kommt so zu seiner vollen Entfaltung. Die Anreicherung mit Sauerstoff verändert den Geschmack zunehmend. Das Bier duftet zu Beginn nach hellen Früchten, Weintrauben und Holunder. Später nimmt man den Honig wahr. Am Gaumen erkennt man den kompakten Bierkörper, kaum Süße, aber eine fast unendlich erscheinende Fülle an Früchten und Kräutern; dazu kommt eine nobel wirkende Bittere. Die Dichte der Aromen bleibt im Mund stabil. Sie nimmt den süßsäuerlichen Geschmack des Apfelstrudels samt seiner Zimtnote vollends auf. Die Süße und der markante Geschmack der Vanillesoße werden durch die Eleganz der Bittere dieses Biers fein ausgeglichen.

Schokomousse mit Himbeerspiegel – Meantime Coffee Porter (ENG)

Kaffeegeruch im Bier rührt meist vom Röstmalz her. Nicht so bei diesem hervorragenden Porter der Meantime Brewery in Greenwich, London. Hochwertige Fairtrade Arabica Kaffee-

bohnen aus Ruanda verleihen diesem Bier einen Kaffeeduft, der es unverwechselbar macht. Ein stilvolles, bauchiges Porterglas konzentriert die Aromen zu einer Dichte, die kaum ein Espresso hervorbringt. Diese Kombination muss man einmal versuchen! Dann kann man verstehen, dass ein Bier imstande ist, einen derart hohen Genuss hervorzurufen.

Kombi NOTIZ

Das Bier ist ziemlich elegant: auf dunklem Rotbraun sitzt ein cremefarbener, fester Schaum. Sein intensives Aroma nach frisch geröstetem Kaffee setzt sich am Gaumen fort. Cremige Süße und schwere Malznoten erinnern an Schokolade. Der Ausklang beeindruckt mit geringer Hopfenbittere und einem trockenen Schluss. Dieses faszinierende Coffee Porter animiert zum Naschen. Feine Bitterschokoladen oder Pralinen können in Verbindung mit diesem Bier zur Sucht werden. Die Schokolade- und Himbeeraromen des Desserts gesellen sich elegant zum Kaffeegeschmack des Biers.

Crème brûlée – Ayinger Celebrator (DE)

Liebhaber der bekannten Süßspeise werden frohlocken, denn die Kombination mit dem dunklen Doppelbock ist nahezu perfekt. Der süße Karamellgeschmack der Crème wird mit dem Aroma des Biers so fein, dass jeder, der diese Paarung einmal probiert hat, weder Crème noch Bier jemals wieder alleine genießen möchte. Die Herstellung einer guten Crème brûlée verlangt viel Konzentration – vor allem auf den Zustand der Karamellkruste (sie darf nicht zu süß werden oder gar eine brandige Note bekommen).

Kombi NOTIZ

Die dunkelbraune Mahagonifarbe im Pokal wirkt sehr edel, der Schaum ist füllig und schwer. Schokoladedüfte mit Aromen von geröstetem Malz, dunkle Beerendüfte und Dörrzwetschge bilden den Auftakt für ein nahezu perfektes Geschmackserlebnis. Das Mundgefühl ist voll, samtig und weich. Malzaromen weisen auf Schokolade, Karamell und getrocknete Früchte hin. Der Abtrunk lädt zum nächsten Schluck ein.

Mohr im Hemd – Wells & Young's Double Chocolate Stout (ENG)

Eines der bekanntesten Schokoladenbiere der Welt wurde früher in London bei der Young's-Brewery gebraut. Seit deren Fusion mit der Wells-Brewery anno 2007 wird es bei Wells & Young's in Bedford hergestellt. Das Bierrezept kombiniert ausgesuchtes Schokoladenmalz und gute dunkle Schokolade. Sehr gut schmeckt auch die Kombination des Stouts mit Vanilleeis. Man gibt einfach etwas vom Cremiggefrorenen ins Schokoladenbier.

Kombi NOTIZ

Ein tiefschwarzes Bier mit haselnussbraunem Schaum. Der Bogen seiner Düfte spannt sich von Kakao über Schokolade und Vanille – bis hin zu Karamell. Die Bittere zeigt sich gleich zu Beginn, der Schokoladengeschmack wird immer stärker, dann stellt sich eine leichte Malzsüße ein. Das Mundgefühl ist phänomenal, ständig sind Aromen zielstrebig zu den Rezeptoren unterwegs. Eine weiche Kohlensäure unterstützt sie dabei, macht den Weg frei für die Aromen der Süßspeise. Der Schokoladenkuchen mit Schokoladensoße wir durch Zugabe von cremigem Vanilleeis aufgefrischt.

Kaiserschmarren mit Zwetschgenröster – Schloss Eggenberg, Samichlaus (AT)

Ein berühmter Klassiker der Wiener Mehlspeisküche. Angeblich hat Kaiser Franz Josef gerne Mehlspeisen gegessen. Die aus Ungarn stammenden Palatschinken mussten für ihn hauchdünn gebacken werden. Der Legende nach ist eines Tages der Teig zu dick geraten, der Koch hat die missratenen Palatschinken in kleine Stücke zerrissen und sie so dem Küchenpersonal als Kaiserschmarren verabreicht. Ob die Geschichte stimmt oder nicht, ein Kaiserschmarrn muss luftig-leicht sein und mit Zwetschkenroster serviert werden.

Das **Samichlaus** (das Schweizer Wort für den heiligen Nikolaus) galt mit seinen 14 % Vol. Alkohol lange Zeit als stärkstes Lagerbier. Es wurde bis 1999 von der Zürcher Brauerei Hürlimann gebraut. Die Brauerei zum Salzkammergut, Schloss Eggenberg, hat dann die Rechte an Rezept und Marke erworben. Seit zehn Jahren wird es dort produziert. Und zwar jeweils am 6. Dezember – daher auch der Name. Danach reift es ein Jahr in der Brauerei.

Kombi NOTIZ

Samichlaus kommt mit einem Sack voller Aromen. Natürlich finden wir Dörrzwetschgen, getrocknete Datteln und einen Hauch Aschantinüsse darin. Anstelle des Krampus kommt es mit einem Kaiserschmarren zu uns. Der rasselt nicht mit der Kette, sondern mit einem Zwetschgenröster. Viel besser geht es nicht, als dessen Noten mit den Dörrzwetschgen-Tönen des Biers zu vereinen. Das aufregend schön dunkelbraune Bier duftet nach eingeweichten dunklen Früchten, so ähnlich wie ein Rumtopf. Karamell und Trockenfrüchte verdecken den hohen Alkoholanteil, deshalb wirkt das Samichlaus (trotz roter Wangen und weißem Bart) nicht „brandig". Zum Abschied beschenkt es uns erneut – mit Geschmacksnoten nach süßem Sherry. Der Heilige entlässt uns mit einem erwärmenden Gefühl.

Lebkuchenparfait mit Zimtsoße – St. Bernardus Abt (BE)

Die St. Bernard Brouwerij liegt in Watou, mitten im belgischen Hopfenanbaugebiet. Die dort gebrauten Biere kommen Trappistenbieren sehr nahe. Wenn man erfährt, dass es bis 1992 eine enge Zusammenarbeit mit dem Trappistenkloser Westvleteren gab, ist man darüber nicht mehr verwundert. Noch heute finden wir viele Ähnlichkeiten, wenn wir Westvleteren 12 und St. Bernardus Abt verkosten.

Das dunkelbraune, mahagonifarbene Klosterbier duftet unverkennbar nach belgischer Hefe, Karamellmalz, Dörrobst, Gewürzen und Lakritze.

Der Gaumen erkennt alle Nuancen wieder und obendrein Aromen von Schokolade, süßen Feigen und dunklen Früchten. Die Sinneswahrnehmung steigert sich bis zu einem Höhepunkt. Alle unterschiedlichen Klänge werden erst einzeln und dann fließend als Akkord empfunden. Die Kombination mit dem Lebkuchenparfait führt zu sensationellen Entdeckungen. Das liegt am Variantenreichtum des Lebkuchens. Orientalische Gewürze vermitteln ein Stimmungsbild von festlichem Glanz. Das Lebkuchenparfait schmeckt erfrischend und zugleich würzig. Die Zimtsoße ummantelt die Aromen, bettet sie in ein neues Kleid. Die Summe der Aromen von Bier und Speise stellt die Arithmetik in Frage. Denn hier ist das Ergebnis deutlich größer als die Summe seiner Teile. Wir rechnen: eins + eins = drei.

Mohnnudeln – Gusswerk Horny Betty (AT)

Dieses wundervolle Starkbier ist eine edle Bierspezialität der Salzburger Brauerei Gusswerk. Ob die aphrodisierende Wirkung (wie sie auf dem Etikett versprochen wird) eintritt, sei Ihrem Selbstversuch überlassen.

Das Bier sollte unbedingt in Kombination mit einem feierlichen Menü eingesetzt werden. Gut gekühlt kann man es sogar als Aperitif versuchen. Auch reife Käse oder intensive Wild- und Lammgerichte könnten passen. Vollkommen begeisternd ist seine Kombination mit Mohnnudeln.

Das „geile Ziegenkraut" bereichert den fruchtigen Geschmack des Biers. Der Duft von Holunderbeeren und Gewürzen ist gut erkennbar. Am Gaumen bietet sich ein voller Geschmack mit einem Wechselspiel von süßen und röstigen sowie leicht säuerlichen Aromen. Die Bittere ist gut eingebunden und gibt einen feinen Halt. Die deftigen Mohnnudeln ergeben dazu eine Geschmacksfortsetzung, die sich fein abrundet und einen schönen Schluss für ein gutes Essen bietet.

Topfenpalatschinke – Het Anker Cuvée van de Keizer (BE)

Noch eine österreichische Delikatesse. In Kombination mit dieser einzigartigen belgischen Bierspezialität bringt sie höchsten Genuss. Der Duft der gebackenen Topfenpalatschinken ist so verlockend, dass man dieser Speise nicht widerstehen kann. Die anschmiegsame Konsistenz und eine zarte Aromastruktur bieten ein sagenhaftes Mundgefühl. Das Bier der belgischen Brouwerij Het Anker wird jedes Jahr zum Geburtstag von Karl V. gebraut. Das Gouden Carolus Cuvée van de Keizer gibt es nur in begrenzter Stückzahl.

Die tiefgründige, dunkle Bernsteinfarbe ist sehr edel. Der elfenbeinfarbene Schaum bildet eine cremige Krone, die eines Kaisers würdig ist. Das Geruchsspektrum begeistert: Vanilleduft, der volle Fruchtton von Rosinen und frischem Obst. Ein weicher Karamellton mit starker Fruchtigkeit legt sich auf die Zunge. Die Aromenvielfalt verteilt sich im Mund, lässt vorerst die Süße, dann eine exotische Gewürznote und abschließend eine dezente Bittere erkennen. Verschränkt man die Aromen von Bier und Speise miteinander, glaubt man zu hören: „Ich glaube, dies ist der Beginn einer wunderbaren Freundschaft."

An diesen berühmten Satz aus der deutschen Synchronfassung des Films Casablanca werden Sie denken müssen, wenn Sie anfangen, Süßspeisen und Bier zu kombinieren.

Käse und Bier

Man hat Käse viel früher mit Bier kombiniert als mit Wein. Bereits in der Mittelsteinzeit haben die Bauern Milch in Tontöpfen neben das warme Höhlenfeuer gestellt. So wurde sie sauer und dickflüssig, das dürfte aber geschmeckt haben. Sauermilchkäse war eine willkommene Bereicherung für die Ernährung. Die ältesten Nachweise der Käseherstellung stammen aus Mesopotamien, wo man um diese Zeit auch schon Bierrezepturen kannte. Daher liegt es nahe, dass man die beiden Nahrungsmittel gemeinsam verzehrt hat. Lange galt Rotwein als ideale Ergänzung zu gutem Käse. Man hat erst viel später entdeckt, dass reife Weißweine besser mit den edlen Milchprodukten harmonieren können. Bald wird man allgemein feststellen, dass Bier noch besser zu Käse passt. Vorausgesetzt, man beherrscht die Sprache der unterschiedlichen Bierstile. Man kann auch sagen – Bier und Käse ist die beste, aber sicher nicht die einfachste Kombination. Es bedarf einiger Kenntnis und Erfahrung, um auch in dieser Kombination wahre Sensationen zu erzielen.

Gegensätze ziehen sich an. Das gilt auch für den Geschmack. Ein salziger Käse und ein bitteres Bier – das passt gut! Außerdem lässt sich anhand dieses Beispiels auch der Vorsprung von Bier gegenüber dem Wein beweisen: Bier unterstützt nicht nur den Käsegeschmack, es kann ihn auch verlängern. Für die richtige Partnerwahl ist der Reifegrad entscheidend. Jener des Käses verändert sich ständig. Also muss man unbedingt probieren, um die besten Kombinationen festzulegen. Jede wesentliche Eigenheit sowohl des Biers als auch des Käses muss in Betracht gezogen werden.

Bei einer Bier- und Käseverkostung spielt die Temperatur eine wesentliche Rolle. Eine Faustregel: Man soll Käse mindestens eine Stunde vor der Verkostung aus der Kühlung nehmen. Dann kann er sich geschmacklich entfalten. Das Bier sollte nicht zu kühl gereicht werden. Je nach Biertyp sind Serviertemperaturen von 8–12 °C zu empfehlen.

Käse und Bier kann auch eine gelungene Kombination für eine kleine Zwischenmahlzeit sein. Wer in diese Thematik tiefer eintaucht, erfährt aufregende Geschmackserlebnisse. Die intensive Auseinandersetzung mit beiden Produkten eröffnet eine neue Dimension der Genusswelt. Karl Schiffner veranstaltet angeleitete Bier- und Käseverkostungen in seinem Biergasthaus. Sepp Wejwar hat in der deutschen Frühjahrsausgabe von bier.pur ausführlich über die Kombination von bayerischem Käse und bayerischem Bier berichtet und einige Grundregeln für die Kombination beider Komponenten aufgestellt. Hier haben wir für Sie einige allgemeinen Kombinations-Tipps für Käse und Bier zusammengestellt:

- Alkoholfreies Bier – milder Frischkäse
- Akoholfreie Weißbiere – mild aromatischer Sauermilchkäse
- Altbier – leicht würzige Sorten (Morbier), reifer Gouda
- Bayerisch Dunkel – milder Blauschimmelkäse, Weichkäse
- Belgisches Blonde Ale – halbfester, würziger Schnittkäse
- Belgisches Wit – leichte Frischkäsesorten
- Britisches Porter – Rotschmierkäse, reifer Weichkäse
- Britisches Strong Ale – würziger Bergkäse, Hartkäse, Schaf- und Ziegenkäse
- Doppelbock – gut ausgereifte Käsesorten, Rohmilchkäse, Schaf- und Ziegenkäse
- Dubbel – milder Bergkäse, Hartkäse, Trappistenkäse, Doppelschimmelkäse
- Dunkler Bock – reife Käsesorten mit Süßaromen
- Dunkles Weizenbier – pikant-würziger Käse, halbfester Schnittkäse, Trappistenkäse
- Eisbock – Hartkäse, Schimmelkäse
- Export, österreichisches Spezial – würziger Streichkäse, Rotschmierkäse
- Festbier – würziger Bergkäse
- Geuze – Blauschimmelkäse, Weichkäse
- Heller Bock, Maibock – würziger Schafkäse, Doppelschimmelkäse
- Helles Lager, Märzen (österreichisch) – mild-würziger, halbfester Schnittkäse
- Helles Weizenbier – Frischkäse, Mozzarella
- India Pale Ale – würziger Bergkäse, Blauschimmelkäse, Stilton
- Kölsch – junger bis mittelalter Gouda
- Märzen (bayerisch) – pikante Käsesorten (Tilsiter, Romadur, ...)
- Pils – Frischkäse, Sauermilchkäse
- Rauchbier – Rauchkäse, würziger Schnittkäse
- Red Ale – Rotschmierkäse, Weichkäse, würziger Schnittkäse
- Schwarzbier – Käse mit Nussaromen, Weichkäse, milder Schnittkäse
- Stout – Ziegenkäse, Schimmelkäse, würzige, reife Käsesorten
- Trappistenbier – Trappistenkäse
- Tripel – würzig reifer Hartkäse, Bergkäse
- Weizenbock – Blauschimmelkäse, Hartkäse
- Zwicklbier (Kellerbier) – Weichkäse, Camembert, Brie

Wir sind von der Kombination Bier und Käse überzeugt. Die Intensität des Käses wird durch Paarung mit geeignetem Bier verstärkt. Das kann bis zur „Explosion“ der Eindrücke am Gaumen führen. Bei den nachfolgenden Kombinationen wurden Käsesorten ausgesucht, die bei bisherigen Verkostungen sehr auffällige Geschmackseindrücke hinterließen.

Eine kurze Verkostungsanleitung

Schritt eins: Zuerst verkostet man das Bier, um die Geschmacksknospen einzustimmen.

Schritt zwei: Dann nimmt man ein Stück Käse, kaut ihn langsam, lässt die Aromen wirken.

Schritt drei: Wenn man den Käse geschluckt hat, trinkt man etwas Bier nach, belässt es ein paar Sekunden im Mund und wartet auf die Informationen der Geschmacksnerven. Schon jetzt wird spürbar, dass hier Großartiges geschieht.

Schritt vier: Ein weiteres kleines Stück Käse wird bedächtig von der Zunge an den Gaumen gedrückt.

Schritt fünf: Ohne zu schlucken nimmt man einen kleinen Schluck Bier zu sich. Gleich einer Vermählung paaren sich die Aromen. Der lange Nachhall des intensiven Geschmackserlebnisses brennt sich ins Gedächtnis ein.

Schritt sechs: Das Tor zum Bierhimmel tut sich auf.

Sablé de Wissant, in Weißbier gewaschen – Zillertaler Gauder Bock (AT)

Wer am ersten Maiwochenende zum alljährlichen Gauderfest nach Zell am Ziller fährt, wird diese Bier- und Käsekombination nicht finden. Die meisten Besucher kommen am Gauder-Sonntag wegen des traditionellen Festumzugs mit unzähligen Trachtenvereinen und Musikgruppen. Für dieses bekannte Fest wird von der Zillertaler Brauerei ein eigenes Bier gebraut, der Gauder Bock. Ein heimtückisches Bier, wenn man es zu festlichen Anlässen trinkt. Die vielfältigen Eindrücke des Festes lassen die Stärke des Biers im Trubel zunächst untergehen. Übersieht man das, hat man einen Krug zu viel, dann ist es zu spät. Die Überdosis Hopfen führt zu einer nachdenklichen Kopfhaltung. Wir zollen diesem Bier unseren Respekt, gießen es in einen edlen Bierpokal und verkosten es gemeinsam mit einem in Weißbier gewaschenen französischen Rohmilchkäse.

Kombi NOTIZ Sablé de Wissant ist ein Kuhmilchkäse aus der für traditionsreichen Käse bekannten Region Wallonie. Der weiche Teig wird mit Weißbier gebürstet, dann in Semmelbröseln gerollt und gereift. Die feinwürzige Kruste schmeckt elegant und zeigt die fruchtigen Aromen des Weißbiers. Der Gauder Bock glänzt mit seinem Finessenreichtum. Florale Kräuter- und Hopfennoten tanzen in der Nase. Eine anschmiegsame Malznote mit moderater Süße findet zögernd Halt. Die Bitterkeit ist gut abgerundet und klingt fein aus.

Morbier aus der Bourgogne – Andechser Bergbock hell (DE)

Man erkennt den Morbier leicht am dunklen, waagrechten Streifen, der sich durch diesen Kuhmilchkäse zieht. Die Ascheschicht aus Pflanzenkohle ist das Markenzeichen für den schmackhaften Rohmilchkäse. In Zeiten da die Kühe nicht so viel Milch gaben, hat man die Käsemasse der Morgenmilch mit Asche abgedeckt, um eine Krustenbildung auf dem Käsebruch zu verhindern. Abends gab man dann die Milch vom zweiten Melkgang auf die vorhandene Käsemasse. Der leicht fruchtige und aromatische Geschmack des Morbier ist sehr beliebt und verändert mit zunehmender Reife sein Aroma. Ist die Reifezeit lange genug, erhält der Teig seine schmelzende Konsistenz. In dieser Form ist er für den hellen Bergbock aus dem Kloster Andechs wie geschaffen.

Kombi NOTIZ Langsam baut sich die dichte Schaumkrone auf der dunkelgelben, fast golden leuchtenden, im edlen Pokal funkelnden Flüssigkeit auf. Auch die Kohlensäurebläschen fühlen sich von dieser Langsamkeit angezogen und heben sich gemächlich an die Oberfläche. Ein anfangs zart-fruchtiger Duft wird von einem schweren Malzaroma abgelöst und steigert nochmals die Erwartung. Das Benetzen der Lippen (mit wohligem Empfinden auf der Zunge und einer gleichmäßigen Verteilung im Mund) sollte um ein paar Sekunden länger als sonst ausgekostet werden. Damit erreicht man eine intensivere Geschmackswahrnehmung und kann den vollen, cremigweichen Körper fühlen und den weiten Bogen der vielschichtigen Aromen erkennen. Auf einmal tauchen auch noch feingliedrige Bitteraromen auf und halten den Finalgeschmack länger aufrecht. Wenn diese Geschmackseindrücke mit den Aromen des Käses verschmelzen und man sich auf die Wahrnehmungen aller Sinne konzentriert, entsteht ein bemerkenswerter Genussmoment.

Ch'ti Roux, intensiv, mit Bier gewaschen – Jenlain Ambrée Bière de Garde (FRA)

Dass man im „Land des Genusses“ auch köstliche Biere braut, ist in unseren Breiten nur wenigen geläufig. Das Bier heißt Jenlain wie das kleine Dorf im Norden Frankreichs. Die Familie Duyck braut dort seit 1922. Die bis heute im Familienbesitz stehende Brauerei hat als erste ihr Bier in Champagnerflaschen gefüllt. Ein Bière de Garde wurde vor der Erfindung der Kühltechnik im Frühjahr gebraut und mindestens bis zum Herbst aufbewahrt. Dieser Bierstil zeichnet sich durch eine intensive Farbe und eine üppige Geschmacksstruktur mit deutlich floralen Duftnoten aus. Seine vielfältigen Malz- und Hopfenaromen (es werden drei verschiedene Malzsorten und ebenso viele Hopfensorten verarbeitet) macht es zum Partner für die Kombination mit vielen Speisen. Jene mit feinem Käse scheint uns besonders passend.

Kombi NOTIZ

Der Ch'ti Roux ist ein Kuhmilchkäse aus Nordfrankreich. Die Rotkultur wird mit Bier (Cht'i) gewaschen und mit Carotin und dem Farbstoff Annatto (ein Gewürz aus Samen des Orleanstrauches) gefärbt. Sein intensiver Geschmack und die Aromen des Bière de garde sind ein feines Arrangement. Der leicht süßliche und malzige Geschmack des Biers mit einer munter wirkenden Kohlensäure verleiht dem Käsegeschmack eine Aromadichte, die alle Stücke spielt.

Grain d'Orge au Calvados – Hofstettner Sündenbock (AT)

Dieser feine Kuhlmilchkäse aus der Normandie wird mit Calvados gewaschen. Er reift langsam auf Strohmatten. Sein Geschmack ist angenehm fruchtig, die Konsistenz seines Teigs wird (je nach Reifezeit) cremiger. Es gibt auch ein Bier mit gleichem Namen, das allerdings aus Belgien stammt. Wir haben für diesen fruchtigen Käse mit der noblen Geschmacksausprägung aber den Sündenbock ausgewählt. Auf den Flaschenetiketten wird darauf hingewiesen, dass bei ausreichendem Genuss eine aphrodisierende Wirkung spürbar wird. Dieses Bier sollte man deshalb keinesfalls alleine trinken. Zumindest sollte das Bier in Gesellschaft des Grain d'Orge au Calvados sein. Der Sündenbock wird mit Honig und Haferflocken eingebraut. Ursprünglich stammt das Rezept aus der Kreativbrauerei in Obertrum. Es wurde in der Fachhochschule Wels weiterentwickelt. Die Bierviertler Brauerei Hofstetten braut es.

Kombi NOTIZ

Fruchtige Aromen und eine charaktervolle Hefenote ergeben ein fantastisches Geruchserlebnis. Man spürt die fruchtige Süße auch am Gaumen, sie leitet dort auf angenehme Weise den Geruch weiter. Zuerst tauchen Karamellmalznoten auf, dann Aromen von Getreide. Zum Schluss folgt ein leicht bitterer Abgang. Das Zusammenspiel der Käse- und Bieraromen im Mund fasziniert sehr lange. Man möchte nicht mehr aufhören mit dem „sündhaften" Spiel.

Chimay à la bière, belgischer Trappistenkäse – Chimay triple, Trappistenbier (BE)

Liebhaber belgischer Biere schwören auf den Genuss von Bier und Käse aus demselben Kloster. Die Mönche der Abtei Notre-Dame de Scourmont brauen vier Sorten authentischer Trappistenbiere und produzieren vier verschiedene Käsesorten. Die einzigartigen, feinen Charaktere des Biers wie des Käses werden von Feinschmeckern auf der ganzen Welt gewürdigt. Das Triple in der 0,75 l-Flasche nennt man bei Chimay auch Cinq Cents.

Kombi NOTIZ

Das Bier hat die für ein Tripel typische goldene Farbe und einen voluminösen Schaum. Der markante Hefegeruch und ein feines Hopfenaroma prägen dieses Bier. Der Gaumen schmeckt auch fruchtig-würzige Noten. Man erkennt Muskat und Rosinen, die das Aroma sehr attraktiv gestalten. Der Käse Chimay à la bière tastet sich an den Biergeschmack gut heran. Seine Rinde wurde mit Trappistenbier gewaschen, dabei konnten die Bieraromen in den Käse dringen und haben ihm seinen unvergleichlichen Geschmack verliehen.

Tommette Grand Père, fruchtig – Plank Weizenbock hell (DE)

Ein Genusserlebnis der besonderen Art passiert bei dieser Kombination eines hellen Weizenbocks mit dem Schnittkäse aus den Vogesen. Der Plank Weizenbock hat dreimal hintereinander die Goldmedaille beim World-Beer-Cup errungen. Weltmeisterlich schmeckt auch die Kombination mit dem ausgesuchten Rohmilchkäse. Die Aromen des Käses und des Weizenbocks erreichen einen Gipfel an Geschmacksfülle. Wie füreinander geschaffen stellt dieses Paar ein Glanzlicht der Kombinatorik dar.

Der Tommette hat einen angenehmen, fruchtigen Geschmack. Durch die Reife (einige Monaten in kühlen Kellern) bekommt er eine trockene, würzige Rinde. Er ist leicht und hat einen lockeren Biss. Der Weizenbock der Brauerei Plank aus Laaber in Deutschland gleicht sich aufgrund seiner leichten Trinkbarkeit dem Käsegeschmack vollends an. Die angenehme, nicht übertriebene Süße schmeckt nach reifen Bananen und Karamell, sie wird durch eine zarte Phenolnote aufgefrischt. Wie ein Hauch von Zitronen mit zurückhaltender Säure klingt der Geschmack leicht bitter aus.

Brindamour, Schafkäse im Kräutermantel – BrewDog, Abstract 01 (SCO)

BrewDog hat dieses Bier mit der Hefe aus der Flasche eines Westvleteren 12 (von der Proefbrouwerij in Belgien) gebraut. Die Charge war mit 3.200 Flaschen limitiert und binnen kurzer Zeit vergriffen. Wer das Westvleteren 12 schon getrunken hat, wird die Hefenote erkennen. Was dann folgt, ist ein Meisterwerk der Braukunst.

Die Nase ist voller getrockneter Früchte. Man kann sich nicht satt riechen. Eine sehr fein abgestimmte Malznote nimmt den Fruchtgeschmack auf und gibt ihn mit endlos wirkender Würze, einem geschmeidigen Mundgefühl und einer geringen, aber guten Bittere an die Geschmacksknospen frei. Ein Bier mit Reifepotential (hoffentlich hat man genug eingekauft)! Auf dem Kräutermantel der Käserinde finden wir Edelschimmel. Getrockneter Rosmarin und Bohnenkraut verströmen einen wunderbar aromatischen Duft. Am Gaumen zeigt der cremige Käse sein wahres Talent. Der Edelschimmel hebt die Kräuteraromen auf ein hohes Geschmacksniveau. Die Kombination des Abstracts und des korsischen Rohmilchkäses aus Schafmilch spielt alle Stücke. Kurzzeitig wird ein Schlückchen Bier den Schafkäsegeschmack beruhigen, doch nach einigen Sekunden enthüllen beide Komponenten ihre prachtvolle, reichhaltige Aromenpalette.

Fourme d'Ambert, Edelschimmelkäse – Orval, Trappistenbier (BE)

Die Trappistenbrauerei des Klosters Orval in Belgien braut nur eine Sorte Bier. Das Orval hebt sich aufgrund seines bitter-trockenen Charakters deutlich von allen anderen Trappistenbieren ab. Im Kloster Orval wird auch ein eigener Käse gefertigt. Es ist ein kompakter Hartkäse mit orangefarbenem Teig und einem würzig-milden Geschmack, der zu dem Bier aus Orval sehr gut passt.

Sein ausgeprägtes Aroma verdankt das **Orval** dem „Hopfenstopfen". Dabei wird getrockneter Hopfen mittels Netzen und nach der Gärung ins vergorene Bier gehängt. Auf diese Weise werden Hopfenöle ausgelaugt. Sie geben dem Bier ein unverwechselbares Aroma. Bei Orval sind drei Hopfensorten in Verwendung: Hallertauer Mittelfrüh aus Bayern, Steirischer Golding aus Slowenien und Strisselspalt aus dem Elsass. Das Bier wird nicht filtriert, sondern mittels Zentrifuge von den Hefeteilchen befreit. Orval schmeckt in den ersten Monaten sehr intensiv nach frischem Hopfen mit einer betonten Fruchtnote. Nach einem halben Jahr geht der Frischegeschmack samt seiner Fruchtigkeit verloren und es setzt sich eine Bitternote durch, die ein gerbstoffartiges Aroma hat.

Eine immens trockene Bittere macht dieses Bier nur bei Biertrinkern beliebt, die so einen Geschmack bevorzugen. Diese Bitterkeit verlangt vom Käse ein Süßaroma. Der Fourme d'Ambert aus der Auvergne mit seinem milden, süßen Aroma ist die richtige Partnerwahl. Edelpilzkäse gehören zu den würzigsten Vertretern der französischen Käsevielfalt. Ideal für alle, die sich dieser Käsesorte nähern möchten, ist der Fourme d'Ambert. Er ist mit sehr deutlichen Edelpilzadern durchzogen und hat eine gelblich graue Rinde. Sein Aroma ist sehr mild und transportiert einen leichten Nuss- und Pilzgeschmack. Die feine Süße des Käses wird von der Bittere des Orval in eine völlig andere Geschmacksposition gebracht.

Trappe à la noix, mit Walnusslikör gewaschen – Aventinus Weizenbock (DE)

Die dunkelbraune Rinde des Trappistenkäses aus dem Perigord kommt daher, dass er mit Walnusslikör eingerieben wurde. Das angenehm fruchtige Nussaroma hält lange an. Man sollte unbedingt die Rinde dieses Käses mitverspeisen. Dazu könnte man auch ein belgisches Dubbel empfehlen. Doch der Aventinus Weizenbock aus der Brauerei Schneider in Kelheim rundet diesen würzigen Käse noch feiner ab.

Kombi NOTIZ

Dunkles Bernstein mit rötlichen Reflexen schimmert aus dem Glas. Darüber glitzert ein fester, stabiler Schaum. Das Bier ist sehr kompakt. Sein himmlisches Duftbukett reicht von getrockneten Früchten bis hin zu leicht würzigen Hefenoten. Der Aventinus ist überaus elegant. Auch am Gaumen verspüren wir zahlreiche Aromen. Der nussige Geschmack des Käses passt herrlich zu den Dörrobstnoten des Biers. Eine feine Belohnung zum Ausklang eines anstrengenden Tages.

Comté extra vieux – Abbaye des Rocs Special Noel (BE)

Der 18 Monate gereifte Rohmilchkäse aus der französischen Region Franche-Comté wird nach strengen Herstellungsregeln handgefertigt. Er hat einen festen Teig, der nicht hart wird: Deshalb kann man ihn auch schmelzen und für ein Fondue oder zum Gratinieren von Gemüse- oder Fischgerichten einsetzen. Sein intensiver Geschmack währt lange, wirkt aber trotzdem mild. Wer ihn etwas würziger liebt, kann den Geschmack durch Zugabe feiner Senfsoßen mit Feigen-, Aprikosen- oder Waldbeerengeschmack zusätzlich verstärken. Das Bier wird eigentlich für die Weihnachtszeit gebraut. Sein Lagerpotential ist gut, daher ist es ratsam sich einzudecken, um es nach und nach genießen zu können.

Kombi NOTIZ

Die dunkelrote, leuchtende Bernsteinfarbe verspricht bereits beim Anblick etwas Außergewöhnliches. Der würzige Duft frischer Hefe vermengt sich mit einem Dörrzwetschgenaroma: reife Früchte mit elegantem, nicht zu süßem Karamellton, gefolgt von den Gewürznoten Ingwer, Zimt und Vanille. Abschließend zeigt sich die von einem Hauch Röstmalz umgebene Bittere. Der mild-würzige Geschmack des Comté kommt durch das Bier noch besser zur Geltung. Wenn noch etwas von dem köstlichen Bier übrig ist, man aber den Käse bereits aufgegessen hat, kann man das Geschmackserlebnis mit einem Stück Bitterschokolade fortsetzen.

41%
SINK THE BISMARCK
41%
IPA for the dedicated

Bier als Digestif

Ein würzig-herber Digestif bildet den würdigen Abschluss eines Menüs. Oft denkt man dabei an einen Verdauungsschnaps (Obwohl der hohe Alkoholgehalt nicht verdauungsfördernd wirkt und höchstens die Inhaltsstoffe der im Alkohol gelösten Kräuter den Stoffwechselkreislauf anregen können). Wir empfehlen Ihnen, eines der nachfolgenden Biere (allesamt ausgesuchte Spezialitäten) als Digestif einzusetzen.

Es gibt auch eine Reihe guter Bierbrände. Im Geschmack dieser Spirituosen ist aber kaum mehr etwas vom Bier zu spüren. Auch Bierliköre findet man immer häufiger in den Verkaufsläden der Brauereien. Ihr Malzgeschmack ist meist etwas deutlicher zu erkennen.

Rodenbach Grand Cru (BE)

Wer nach dem Essen gerne eine gute Zigarre raucht, sollte dazu unbedingt einmal diese belgische Spezialität probieren. Sein Duft: Sauerkirschen mit weinigen Aromen. Dazu vordergründige Lageraromen, die von Eichenfässern stammen, mit Obsteindrücken hinterlegt. Die feine Perlage unterstützt eine kühle, herbe Kräuternote. Ein Bier für Mutige, eingefleischte Märzen-Fans sollten lieber die Finger davon lassen.

Haandbryggeriet, Odins tipple (NOR)

Ein Ahnungsloser würde „Odins Gesöff" womöglich ausschütten. Hier haben wir ein sehr forderndes Bier vor uns. Das tiefschwarze, sämige Imperial Stout aus Drammen in Norwegen ist aber für den fortgeschrittenen Liebhaber solcher Bierstile ein Göttertrank. 11 % Vol. Alkohol mahnen zum vorsichtigen Genuss. Odins Tipple wird mit einem einzigen Stamm wilder Hefe gebraut, das macht es unnachahmlich. In der Nase setzen sich Schokoladenduft, erdige Gerüche und Kaffee fest. Dann entdecken wir den Duft nach Wildschweinbraten. Diese intensive Geruchswahrnehmung lässt den Verkoster noch vorsichtiger werden. Der Geschmack ist umwerfend. Intensive Aromen von Schokolade,

Kaffee, Kräutern, Gewürzen und Rauch bestehen nebeneinander und in Harmonie. Der Nachhall des Biers beschäftigt uns noch sehr lange.

O'Hanlons Thomas Hardys Ale (ENG)

Das Flaschenetikett dieses britischen Barley Wine verrät sein Lagerpotential – mindestens 25 Jahre! Würde man jetzt ein 25 Jahre altes Bier kaufen wollen, wäre es schwer zu kriegen. Und wenn, dann nur zu einem horrenden Preis. Manche Biere könnten auch eine schöne Wertanlage sein, vor allem dann, wenn sie nicht mehr produziert werden und dadurch Kultstatus erlangen. Die Bezeichnung Barley Wine (Gerstenwein) verrät Ähnlichkeiten mit Wein: Stärke, reiche Eleganz und enormes Lagerpotential.

Das Bier zeigt opakes Mahagoni, wenig Schaum, aber einen umso intensiveren Duft: Rumtopf mit Dörrzwetschken, so der erste Eindruck. Je länger das Bier im Glas liegt, desto stärker wird sein Duft. Der Barley Wine verlangt viel Aufmerksamkeit und Ruhe. Man sollte alle Eindrücke sammeln können. Der sherryartige Ausklang ist die Belohnung nach einem langen Tag.

Uerige Doppelsticke (DE)

An dieser Altbier-Spezialität aus „dem Uerige" in der Düsseldorfer Altstadt gefällt schon die Flaschenform. Es ist ein für Deutschland höchst ungewöhnliches Bier und wird wohl deshalb im Home-Market gar nicht angeboten. Der größte Teil der Produktion wird nach Amerika exportiert. Dort liebt und schätzt man diesen „German Barley Wine". Dunkelbraun, fast schwarz funkelt das Doppelsticke aus dem Glas, auch der Schaumpolster nimmt die Bierfarbe auf. Dunkles Beerenaroma hebt sich schwer in die Nase. Der Geschmack startet mit einer starken, von etwas Rauch umgebenen Malznote. Der Geschmack von dunklen Früchten und Rosinen wird erkennbar. Das weiche Mundgefühl wird von einer aufregend schönen Bitterkeit, voll mit floralen Aromen, erfasst. Die Bittere klingt trocken aus, hinterlässt ein erwärmendes Gefühl.

Karl Schiffner: „Das Doppelsticke werde ich ein Leben lang in Erinnerung behalten. War es doch das Bier, das ich im Finale der ersten Weltmeisterschaften für Biersommeliers zu präsentieren hatte. Bis zum Betreten der Bühne wusste ich nicht, welches Bräu man mir vorsetzen würde. Ich nahm einen ersten Schluck – um das Bier zu identifizieren und um etwas lockerer zu werden. Meine Sinne erhellten sich. Weil das Bier so gut war und weil ich es erkannte. Die mir vertraute Flüssigkeit hat meinen Geist angeregt, meine Selbstsicherheit gestärkt und mir so den Weltmeistertitel eingebracht".

Durham, Temptation (ENG)

Imperial Stouts oder Russian Stouts sind Bierstile, die im 18. und 19. Jahrhundert an den Zarenhof nach Russland geliefert wurden. Man hatte sie stärker eingebraut, um sie dann vor Ort mit Wasser wieder zu verdünnen. Am Zarenhof war man jedoch an stärkere Getränke gewöhnt, also fand man unverdünnt Gefallen an dieser feinen Bierspezialität.

Diese Versuchung stammt aus Nordwestengland. Sie erwärmt das Herz – zum Abschluss eines Menüs oder eines langen Tages. Die Farbe präsentiert sich in tiefem, undurchsichtigem Schwarz, der Schaum ist leicht und cremig. Ein Duft nach feuchten Kirschen und rohem Kaffee dringt empor. Der Geschmack ist anfangs süß und fruchtig, wird zunehmend bitter. Das Mundgefühl ist ölig schwer der Nachgeschmack erdig.

Forstner 5 vor 12 (AT)

Wer dieses Bier in seinem Keller hat, sollte es absichern. Es wurden lediglich 400 Flaschen gefüllt. Das 5 vor 12 ist auch in jungem Zustand trinkreif, der Kenner wird aber einigen Flaschen mehr Reifezeit gewähren. Gerhard Forstner betreibt in Kalsdorf bei Graz eine Handbrauerei. Er hat schon viele Spezialitäten gebraut, und wer ihn kennt weiß, dass noch viele folgen werden. Das 5 vor 12 kann sich mit den besten Bieren der Welt messen.

1997er Sam Adams triple bock (USA)

Dieser Triple Bock aus Boston braucht ein Zeremoniell, damit er zu seiner Geltung kommt. Wer dieses achtzehnprozentige Starkbier einfach aufmacht, ins Glas gießt und ohne Vorbereitung trinkt, wird kaum jene Freude empfinden, die ihm so ein Bier bereiten kann. Wir beschreiben hier ein Bier aus dem Jahr 1997.

In der langen Lagerzeit haben sich feste Bestandteile in der Flüssigkeit gebildet, die man herausfiltern sollte. Man dekantiert dieses Bier am besten mit einem Sieb in eine Karaffe. Dadurch können sich seine Aromen, die lange in der Flasche eingeschlossen waren, befreien. Zum Dank für diese Befreiung geben sie einen imposanten Geschmack wieder. Die optimale Ergänzung für so ein Bier ist Bitterschokolade. Mit den Grand Cru Schokoladen von Maître Chocolatier Helmut Wenschitz aus Allhaming bei Wels sind wunderbare Kombinationen möglich.

Harviestoun Ola dubh reserve 16 (SCO)

Die schottische Brauerei Harvieston in Alva und die Whiskydestillerie Highland Park arbeiten eng zusammen. Das Imperial Porter wird in unterschiedlichen Whiskyfässern gereift. Zwei traditionelle schottische Produkte, Bier und Single-Malt werden gemeinsam neu präsentiert. Ola dubh reift in Fässern, in denen vorher die bekanntesten Whiskys des Landes lagerten. Daraus ergeben sich für dieses dunkelbraune, fast schwarze, 8 % Vol. starke Imperial Porter Aromen von Torf, Salz und Erde. Sie werden im Geschmack von einer anfänglichen Süße, dunkler Schokolade, Malz- und Trockenfrüchten abgelöst. Im Nachgeschmack dominiert Whisky.

BrewDog, Tokyo (SCO)

BrewDog der „Brau-Hund“ sorgt für weltweite Aufmerksamkeit, manchmal sogar für Aufregung. Wir haben hier schon einige Biere der Brauerei aus dem schottischen Fraserburgh vorgestellt. Ihr Tokyo ist ein Imperial Stout, das mit einer reichen Malzmischung, Jasmin und Preiselbeeren gebraut wurde. Nach der Gärung wurde es mit edlem Hopfen angereichert und dann in Fässern aus französischer Eiche gelegt. Dickflüssig und tiefschwarz mit wenig Schaum ergießt es sich ins bauchige Glas. Der Duft zaubert ein Lächeln auf die Mienen der Verkoster: reife Früchte, Blumen und rote Beeren in Hülle und Fülle. Die Aromen erreichen mit unglaublichem Tiefgang alle Winkel des Mundes. Volle Süße, Schokolade, Kräuter und Blüten, alles verdichtet sich und wirkt dennoch abgerundet. Das Hopfenaroma verdeutlicht sich und macht es unwiderstehlich.

bier.pur und das Bierviertel: Edition 09

Sepp Wejwar und Oliver Krainz hatten die Idee: Im dritten Erscheinungsjahr von bier.pur wurde erstmals eine ausgesuchte Bierspezialität für Jäger und Sammler eingebraut. bier.pur Edition 09 ist das erste Sammelbier der Zeitschrift, nun wird jedes Jahr eine Jahrgangsedition produziert. Edition 09, ein Barley Wine, wurde gemeinsam mit den „Bierviertlern" eingebraut, Karl Schiffner war natürlich auch dabei. Die Edition war bald vergriffen, aber alle, die sich einige Flaschen gesichert haben, werden Freude an diesem Bier – auch als Digestif – haben.

BrewDog, Sink The Bismarck (SCO)

Der Krieg der Biere ist ausgebrochen: BrewDog und das bayerische Schorsch-Bräu wetteifern um das stärkste Bier der Welt. Einige Fernsehsendungen haben sich um dieses Thema bemüht. Das Gesetz der Dualität zeigt, dass man zwar das stärkste oder auch beste Bier der Welt brauen kann, aber ohne Gegenspieler würde es kaum jemanden interessieren. Wie schmeckt es nun wirklich, das stärkste Bier der Welt?

Eine klare, rotbraune Farbe zeigt einen dicken, schweren Körper. Ein fast betäubender Hopfengeruch steigt in die Nase. Die Geschmacksbombe zündet, wenn etwas Flüssigkeit auf die sensiblen Geschmacksnerven trifft. Hopfen ohne Ende und ein feingliedriger Malzgeschmack machen das Sink The Bismarck zu einem einzigartigen Getränk. Ein scharfer, bitterer Nachgeschmack reizt die Rezeptoren bis in ihre tiefsten Ritzen. Die Flasche sollte keinesfalls alleine ausgetrunken werden. Obwohl die 41 Vol. % Alkohol nicht ganz so heftig wirken, wie erwartet.

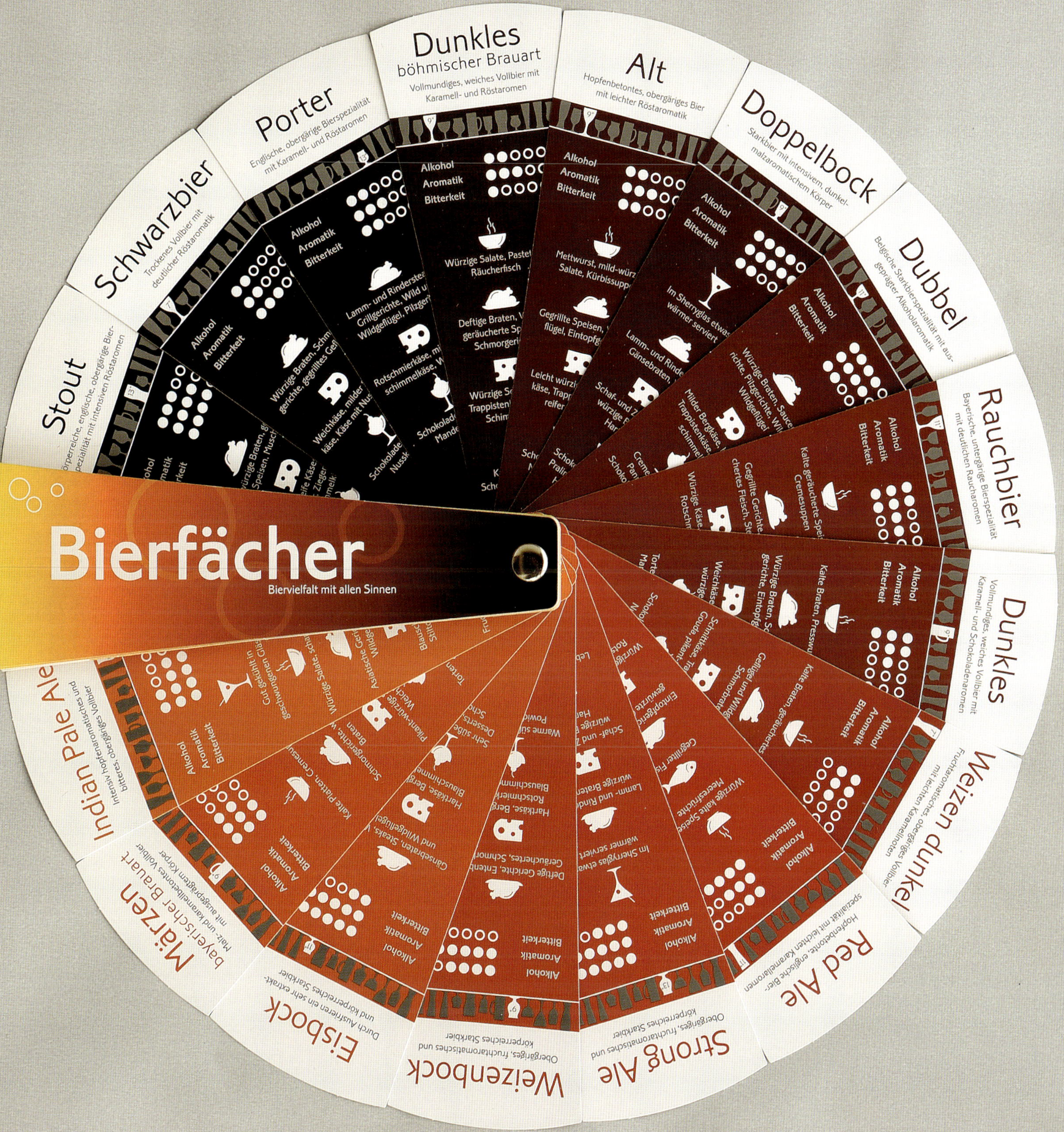
Bierfächer
Biervielfalt mit allen Sinnen
Stout
Schwarzbier
Trockenes Vollbier mit deutlicher Röstaromatik
Porter
Englische, obergärige Bierspezialität mit Karamell- und Röstaromen
Dunkles
böhmischer Brauart
Vollmundiges, weiches Vollbier mit Karamell- und Röstaromen
Alt
Hopfenbetontes, obergäriges Bier mit leichter Röstaromatik
Doppelbock
Starkbier mit intensivem, dunkelmalzaromatischem Körper
Dubbel
Belgische Starkbierspezialität mit ausgeprägter Alkoholaromatik
Rauchbier
Bayerische, untergärige Bierspezialität mit deutlichen Raucharomen
Dunkles
Vollmundiges, weiches Vollbier mit Karamell- und Schokoladenaromen
Weizen dunkel
Fruchtaromatisches, obergäriges Vollbier mit leichten Karamellnoten
Red Ale
Hopfenbetontes, englische Bierspezialität mit leichten Karamellaromen
Strong Ale
Obergäriges, fruchtaromatisches und körperreiches Starkbier
Weizenbock
Obergäriges, fruchtaromatisches und körperreiches Starkbier
Eisbock
Durch Ausfrieren ein sehr extrakt- und körperreiches Starkbier
Märzen
bayerischer Brauart
Malz- und karamellbetontes Vollbier mit ausgeprägtem Körper
Indian Pale Ale
Intensiv hopfenaromatisches und bitteres, obergäriges Vollbier
Alkohol
Aromatik
Bitterkeit

TRUMER PILS
La Trappe
Tripel
Paracelsus Zwickl
Samichlaus
CLASSIC
Leffe
Triple · Tripel
SAMUEL ADAMS
BOSTON LAGER
DELIRIUM tremens
BREW DOG
ORVAL
GUINNESS
SPECIAL EXPORT
Westmalle
TRAPPIST
MEANTIME
CHOCOLATE
Trappistes Rochefort
8
FRAMBO
The Durham Brewery
St Cuthbert
Duvel
CHIMAY
Hoegaarden
Anno 1445
LINDEMANS
APPLE
zeitgeist
Gulden Draak
Eggenberg
Doppelbock
Dunkel
ADELSCOTT
St Peter's
HONEY PORTER
AVENTINUS
WEIZEN-EISBOCK
Ancher
PORTER
MEANTI
PALE ALE
YOUNG'S
LONDON
ALE
MEANTIME
LONDON STOUT
HONIGBIER
OUDE
KRIEK
BOON
2006
ORIGINAL
Budweiser Budvar
Czech Imported Lager
BUDWEISER
FARO
GIRARDIN
1882
BLOEMEN
OUDE
GEUZE
BOON
À L'ANCIENNE
2006-2007
Reissdorf
Kölsch
STIFT
Schlägl
BIO ROGGEN
Andechser
WEISSBIER
hefetrüb
Freistädter
Rotschopf
YOUNG'S
DOUBLE
CHOCOLA
STOUT

Bierverkostung
Diplom Biersommelier
mit dem
1. Biersommelier-Weltmeister
Karl Schiffner
Schiffner
Mein Biergasthaus!
www.biergasthaus.at

Bierregister

Impressum

Bildquellen:
Umschlag und Inhalt: Werner Schiffner

Sturzgasse 1A, A-1140 Wien, E-Mail: buch@avbuch.at, Internet: www.avbuch.at

Deutsche Nationalbibliothek – CIP-Einheitsaufnahme
Die Deutsche Nationalbibliothek verzeichnet diese Publikation in der Deutschen Nationalbibliografie; detaillierte bibliografische Daten sind im Internet über http://dnb.ddb.de abrufbar.

Wir danken Brigitte Schiffner und Dr. Gerhard Giesa für das aufmerksame Korrekturlesen.

Projektleitung: Brigitte Millan-Ruiz, avBUCH Wien
Lektorat: Iska Millan-Ruiz, Korneuburg
Layout/Umschlag/Satz/Bildreproduktion: Ravenstein und Partner, Verden
Druck und Bindung: Westermann Druck, Zwickau

Printed in Germany

ISBN-Nr: 978-3-7040-2403-9